姊姊妹妹遊台灣

目錄

推薦序

女人，也可以好好玩

喜菡文學網站長　喜菡

已經好長一段時間不愛爲人寫序了，尤其是以電子檔閱讀的。因「眼疾」而不耐久視螢幕是最主要原因，再思及，若寫的序，不符求序者需要，放或不放，皆是尷尬。不過，與妍音的關係及情份，卻不得不「重操舊業」，再「勉強」自己一次。

一本好的旅行文學書要說什麼?個人認爲知性的探討、感性的萌發之外，作者更有責任讓讀者有所思考反省，而妍音這本書做到了。

單看《姐姐妹妹遊台灣》這書名，就覺得親切，說是「聳」，卻又力道無窮。這力道來自一群「鶯鶯燕燕」，來自可想而知的「絮絮叨叨」，來自可能的「細細碎碎」。這群鶯鶯燕燕可真是了不起，一家四名「老姐妹」，再加兩名「young girl」，浩浩蕩蕩走遍台灣，令人不由得投予既羨慕又佩服的眼光。尤其其中的二姐更是女中英雄（家中老二通常具備此等特質）。筆者家中湊巧也有四枝花，各自成家後，幾乎無此閒情逸趣相偕出遊。閱讀本書時，心也跟著這一家姐妹停在雲端，無法下凡。聽妍音絮絮叨叨話家常、懷舊事，眼也濕了起來，心更是一陣甜一陣酸，陳年舊事及情境一幕幕翻騰，久久無法平息。

文很細碎，一些女人家才會注意的小枝節，一一在書中浮現。但也因爲這些小枝節，更添書的可看性。因爲枝節裡有一般遊客感知不到的歷史掌故、感知不到的現實情境，而妍音卻運用她的細膩筆觸，一字字帶領讀者進入姐妹們的悠閒世界。以爲這樣的書名該有很普羅的內容，而本書卻在親切自在中，有優美如花的文字陳述。也難怪，妍音是中文系科班出身，文字中的優雅如人一樣，並非刻意矯作，而是自然流露。這樣的文字，充份的讓讀者享受山水旅遊的愉悅，更能跟隨妍音的心思，感動於萬事萬物。而書中不乏對大地諸多探問，是難得的融感性與理性於一爐的旅遊好書。

是該出遊的時候了，我那想飛的心也跟著妍音飛起來了。

推薦序

四小姐，好樣的

大小姐

不可思議啊！四小姐居然寫起旅遊文章，而且還是章回小說體的呢！

幾年來姊妹隨性的出遊，經由四小姐的手，竟然也能印刷成文字，這是多麼奇妙的事啊！

書中的四姊妹，個個都有「ㄘㄞ」氣，老大、老四是「才氣」，老二、老三是「財氣」，結合在一起，才有這本書的各個旅途的完成。

四小姐的文筆像古典美人，連旅遊的文章也是甘醇可口、鉅細靡遺的介紹，很吸引人的。舉凡大隘山莊、六號花園、龍君兒的家、寶山的沙湖歷等，都是令人流連忘返。最珍貴的是草山行館，今年春天那一把無情火，怎麼也燒不掉書中的記憶。

看了看，還有一篇七股的鹽山風光，四小姐沒寫進文章裡，是有點可惜，因爲七股現在的改變，沒有以前的自然美麗景觀囉。

似乎該說聲好樣的四小姐，加油、加油！希望不久能看到四小姐寫出東瀛遊記。

自序

走，一起去吧！

妍音

談到旅遊，兒時旅遊的記憶其實不多，至多是學校的遠足郊遊之類的，若想尋個全家一起出遊的記憶，似乎不曾有過。那麼姊妹一同郊遊烤肉的記憶呢?也還是闕如。

童稚時期的我，視大姊如母，在她面前不敢造次放肆，每每看她假日前興致勃勃地準備鍋碗瓢盆，和各類烤肉器材與食材，總是以羨慕渴盼的眼神，等著大姊親切喚我：「走，一起去烤肉吧！」

可我年年盼著，也年年被遺忘，老么的我，在大姊十七、八歲青春正盛時期，我可能還是偶爾鼻頭會掛著兩行鼻涕的黃毛丫頭，烤肉帶我去，簡直是給自己找麻煩、找罪受。等到我也長到一朵花年紀時，大姊即將走向紅毯的那端，她有她更重要的一家生活，要想姊妹一起旅遊更屬不易了。

尋常家庭裡的姊妹各自成家後，也許就各在天涯一角，這角即使只是台灣島內，也未必能時時互相邀約見面敘舊，更別談郊遊踏青旅遊一事了。我何其幸運，兒時不曾有過的四姊妹旅遊經驗，在離開原生家庭各組自己家庭後，反而尋著路將原有的脈絡再細細描繪。至此，每年必有次數不等的姊妹會，不定是娘家所在的文化城，島內其他縣份都能見我姊妹四人的遊蹤。只要大姊發個聲，說：「走，我們一起去XXX」從二姊以下到我等三人，沒有會出口說「不」的。一來固然是大姊有如母風範，二來其實是我們都珍惜每一次的旅遊，不論行程是短是長，除開休憩放鬆之外，以成年的心捕捉少小的情，大約也是有的。

明朝《徐霞客遊記》，徐宏祖只靠芒鞋和手杖，以汗水和腳印，踏遍大半個中國大陸；清朝《老殘遊記》，主人翁行醫各地，述其日常所見所聞，並反映當時社會狀態；此二位都是用心旅遊記事的旅遊達人、地理學家。我僅僅是仿傚前人，把足跡踏向每一處姊妹們都喜歡的地點，將每一個路過探訪的記憶書寫出來，再溫一回手足之間的情誼罷了。

我當然不若洪都百鍊生之俠義情懷，以哭泣之感序其《老殘遊記》，我倒是只願浸淫在手足之情、社會之情、家國之情、宗教之情中，也因這些情感之堅、之純、之美，而有《姊姊妹妹遊台灣》之作。

這些年，眾姊妹均已是身列資深美少女族群，是以重新看待自己、看待手足，以成熟的眼睛再看台灣的山與水，感觸之餘也有深深歡喜。

第一回　名流湯村裸湯樂　竹子湖邊野菜香

話說在姊妹排行中屬最小的我，即便是而今已過不惑數年，仍習慣跟著姊姊身後逛，而我一家四個姊妹又向來情深，習慣相邀遊山玩水。二〇〇五年一月下旬，九十三學年度第一學期方才結束，大姊極力邀約我與小女莎莎，一同北上來個姊妹寒冬溫泉樂。對於女兒而言，是解放了禁錮一學期的身心，至於我，則是能遊山戲水，當然心喜雀躍。

二姊家在台北士林，她是老台北了，也是姊妹中唯一有實際開車經驗者。這並不是唯她一人擁有駕駛執照，其實姊妹四人中，倒是只我一人沒有那張開車的driving licence，大姊、三姊可都是有駕照的人哪！不過我們都習慣將「司機」這偉大任務保留給二姊。

將駕駛這重任交付二姊，實是因她向來大膽，二來她在國外實際操作經驗豐富，回到國內來不開車，她好像感覺很對不起自己，因此也巴望我們姊妹們三不五時叨擾她，於是才有了這麼一個寒假泡湯記。

約定的那天，我和女兒一早雀躍的搭乘統聯客運，一路迢迢北上要來個遊山玩水泡湯樂。車抵台北時是近午的十一時左右，大姊的出發地是緯度比我略高的古都台南，她倒是悠哉緩步出發，我母女倆到台北時，她的車才過楊梅。和大姊講過手機，再撥給二姊，我說：「大姊才在楊梅，我看我們先搭捷運到妳家，她來了，再一起出來接她。」

這是因爲我家莎莎說：「到了台北，沒搭捷運，感覺怪怪的，不像來了台北。」看來這小女娃已戀上了捷運這快速便捷的交通工具了。

我母女倆提著行囊，踱步進了台北車站，按著指標走到捷運車站，在自動售票機前按下劍潭站兩張，再投進五十元硬幣一個，很快的「咚咚」一聲，找了一個十元硬幣，又跑出兩張捷運單程車票。其實我事先問過女兒：

「莎，如果搭到芝山站，可以轉搭大葉高島屋的免費接駁車；如果搭到劍潭站，是出了劍潭站，就可搭二八〇公車。」

「嗯——」女兒想了半天也沒出個聲，我於是再說：

「大葉高島屋的免費接駁車，是送到高島屋門口，我們還要走一段路，才到阿姨家。搭二八〇，下車走三四步，就到了阿姨家。妳要搭到哪一站？」

在生活中讓孩子去思考決定他們所想要的作法，可以讓孩子學習到自我負責。他們對於任何自己做的選擇，因爲經過事前的思考，所以無論後果如何，都是自己要承擔的，不能怨天怨地怪東怪西。

女兒後來選了劍潭站，車票當然就買到該站囉。

我們刷過車票後下到地下月台，聽到一陣捷運車行聲音由遠而近，本來還緊張著列車已進站，伸長脖頸一望，原來是往南勢角的車才剛進站旋即又開走。台北捷運的便利，就在於其車班密集，能達到輸運眾多通勤的上班族學生族的效果。想想港都正在興建中的捷運，建構主體與人事弊端一堆，南部的民眾啥時才真能享受完整捷運網的輸運？

罷了，先不想那遙不可及的事，此刻我既是臨了台北城，就先調整好心情，好好享受台北捷運的舒適便捷。

我們母女在往淡水這方向的月台候車，左右看看，還不少人搭乘呢！我心想，有多少人是像我一樣，由南而北的，來台北呼吸台北的空氣，看看台北的天空？

捷運真的是捷運，很快就到了劍潭，倒是等二八〇公車的時間比搭捷運長了許多，搭乘二八〇公車從劍潭到芝山國小，又比等二八〇的時間長了點。沒辦法，因爲捷運不是在地下，就是在半空中的高架上，完全不受路上車輛和交通號誌影響，當然快過公車囉。

一路搖搖晃晃，也終於到達二姊家。二姊和三姊的女兒早已等在門外，我還以爲國外回來的二姊禮貌周到，特地大門前迎接我們母女，心眼裡還在洋洋得意時，一問才知是因爲大姊已到台北車站，二姊是準備載著我們母女，就直接到台北車站接了大姊去泡湯。那麼爲什麼是邀了三姊女兒呢？因爲她也是剛放寒假，和我的莎莎年齡相近有伴，而且這樣一車裝下五個人，「嘟嘟好」一點也沒浪費空間。

年輕學子雖說學業重要，正當休閒也不可少，古人說得好，就是「行萬里路勝讀萬卷書」嘛！所以生活體驗，也是該讓孩子實地演練的。

出了德行東路，二姊很快轉進承德路，一路就直驅統聯總站。接了大姊後，時間已過十二時半，二姊當下提議直上陽明山，先到竹子湖的野菜園大快朵頤一番，接著再去泡湯。

「好啊！好啊！」大姊一同意，我和兩個小囉嘍也一旁附和。

然後就在super driver二姊一路愉悅的駕駛下，上了仰德大道。聽說這一路都是大富人家的豪宅，我倒是不放太多心思在這些建築物上，比較能吸引我目光的是，兩旁彎彎繞繞山路外的山色，櫻花木也許就在哪戶人家圍牆內，正思忖著要在初春裡現身，討點兒讚美。海芋則比櫻花搶早了花時，竹子湖邊已有婦人路旁賣著，剛摘下的海芋，那俏麗美豔的身影，硬是搶先映入了遊客的眼眸。

我這「下港人」好像比很多台北人還會鑽，每回上台北，只要二姊在國內，少不得都有一頓竹子湖的野菜可吃。什麼是「俗擱大碗」？倘若你沒親自來竹子湖的野菜園走一遭、吃一餐，是無法體會，有多「俗」、多「大碗」？

「續湯」這種貼心服務，在很多餐館裡有，但是大部份是續「鹹湯」，有誰幾時續過「甜湯」？

猶記第一回在野菜園，看著二姊來來回回一直到屋外去盛番薯湯，我還出聲勸著二姊：「妳盛了那麼多次，待會兒算帳，不就好幾碗的錢？」

「驚什麼？他們這是可以續湯的，妳能吃多少，就續多少吧！」

「啊？番薯湯也能續湯啊？」真是讓我大吃一驚。

「妳才知，妳沒看每桌每人都先盛一碗番薯湯嗎？」

經二姊一說，我再放眼四周，一看，果然是人手一碗番薯湯，大伙兒吃吃喝喝，說說談談，好不快樂的樣子。

「他們都是一早爬山上來，下山前，先來吃一餐野菜，喝個番薯湯，然後才下山去。」二姊使使眼色，要我們看看這些上了一定年紀的歐巴桑、歐吉桑。我順著二姊指示的方向看去，果然都是登山裝扮的長者，他們正進行他們的生活趣味。

想想我們姊妹不也如此？不過，將來年紀再大一些，可還有如此的閒情逸致？也向座中長者看齊，登山健身泡湯暖身野菜養身，讓自己健康愉快過下半生？

我欽羨這些長者的悠閒生活，但是現下我還有人間功課，先得將孩子扶養長大，才能有自己閒雲野鶴的日子。所以回頭吃竹子湖的野菜，其他的事就暫時莫往心上擱了。

從那第一次之後，竹子湖的野菜園好像是「阮兜的灶腳」了。上台北沒去竹子湖解解饞，好像少做了一件事，也好像很對不起自己似的，對於二姊而言，沒招待我們到竹子湖的野菜園坐坐，更像是成了失職的主人。

這回可是我家莎莎野菜園的「處女航」，從進了野菜園，她那一雙杏眼就睜得圓圓，骨碌地瞧著，看著阿姨們又是忙著盛上一碗番薯湯，又是忙著點菜。這些都還小case，等到大姊完成點菜動作，看著菜單上記著炒米粉、炒麵、炸香菇、炸豆腐、紅菜、高麗菜，外加半隻油雞和九層塔炒蛋，她的眼珠子差點沒掉下來。五個女生，吃這滿滿一桌八道菜，可見我們的胃也是不容「小覷」的。

「酒足飯飽」（根本沒吃到一粒米飯，喝上一口酒）後，帶著沒吃完打包的放山雞和炸香菇及豆腐（我們總也還是秀氣的女子），不會真吃得「粗飽」啦！二姊再坐上駕駛座，明顯的感覺車速慢了些，難道，是方才吃下的食物，馬上就呈現出效果了呀？

唉喲喲，這可不行唷，下回還是得節制點哪！

「今天去哪裡泡湯？」我先提出問題，大姊接著問二姊，

「妳說要去什麼村？」

「名流湯村。我是在介紹溫泉的雜誌裡看到的，在天籟後面。」二姊說完，突然想起什麼似的又開口說：

「妳們有沒有帶泳裝？」

「有，都帶了。」我和兩個小妞一起回答，一時間有個錯覺，好像我也和她們兩個一樣年輕了。

二姊專心開著車，我們其他人尋找著路標。終於看到路標指示。

「咦？怎麼從天籟進去？會不會錯了？」大姊說。

「不會啦！他路標就這樣。我們開進去，不對再出來嘛！」二姊一直是勇於嘗試的人。

「咦？怎麼有守衛？那是人家的社區呢！」大姊又說了。

我和兩個小女孩坐在後座，完全聽任前面的決定。

「我來問問看。」二姊車就停在守衛的橫桿前，「請問我們要去名流湯村，是從這裡進去嗎？」

「這張卡妳拿著，要給他們蓋章，出來再給我。」守衛說著，遞上一張類似停車證明的卡片，然後按了按鈕，橫桿就緩緩高舉，我們也就過了那道門禁。

過了門禁後，又開了一小段路，就到了湯村所在。原來這是一個社區，而名流湯村就藏身在這社區之中。也許是屋主有所思索後，將自己的宅第闢建成隱密的湯村，再自己規劃經營，走著異於常態的風格。

不多久，二姊將車子停在一座東洋風的建築物之前，門匾上正是「名流湯村」四字，清清幽幽，完全沒有觀

清靜雅致富含東洋風的湯屋門匾下
新舊兩世代喜孜孜留影

光湯屋的嘈雜。剛開始我和兩個小女孩還有點膽怯，害怕誤闖私宅禁地，直到兩位老大姊出聲「進去啊！」我們才放膽提起腳跟跨入木門，牆外清幽，牆內是整理得十分緻雅的庭園。老闆聽到人聲很快迎了出來，親切的態度，真讓人有賓至如歸的舒服感覺。

再跨入內室的木門，是一個玄關。我們聽從服務人員的指示，將個人鞋子脫下，放入置鞋櫃，然後換穿室內拖鞋。大姊和二姊在櫃台邊請教老闆，這處泡湯如何計費，老闆直是仔細解說。後來講定了我們純粹泡湯，兩個小時每人三百元。既然來了，泡湯舒緩身心，何需在意所費多少。服務人員體貼指示，從何處上二樓，上了樓在建築物的兩側分別有四個湯池，女性是月之湯和雅之浴。

「可以穿泳裝下去泡吧！」臨要上樓前大姊才向老闆發問。

「不可以穿泳裝下池。」

嗄？裸湯啊！

我和兩個小女生一聽是「裸湯」，當下心驚驚，大庭廣眾下，身無一物，如何見人？我們這廂誠惶誠恐，老闆還在那兒解釋：

「我們這溫泉有四十度，穿泳裝下池，泉水和泳衣的材質可能發生變化……。」

「怎麼樣？走吧！」轉戰國內外多處溫泉的大姊老神在在，回頭一喚，是要我們一起跟上腳步。

「……。」

看得出兩個小女生的忐忑不安，連我這資深的美女，都有點不太能適應了，何況是她們這十幾歲的美少女。

但是既來之，則安之。有道是頭剃下去了，就得洗啊！姊姊已付過泡湯費用，不泡就白白浪費了新台幣呢！這怎麼可以！

幸好走上二樓的月之湯，一看，湯池內空無一人，好里加在，小女生也大大鬆了一口氣。

「快，快，趁現在沒別人，我們趕快泡吧！」二姊說著就開始解除她身上衣物，兩個美少女還在忸怩作態，要脫不脫的。這時，大姊出了聲：

「妳們幹什麼？還不快點，我們是用錢買時間的呢！」

「哦……」小女生齊口「哦」了一聲。

又是耗了半天，還在卸除衣服階段，大姊於是又出了聲：

「有什麼好遮掩的，妳們有的我也有，大家都一樣啦！」

「……」

呃？說是這樣說，但是事實上還是不一樣的。

對這兩個小女生來說，這是黃花閨女上花轎，頭一回赤身裸體室外泡湯呢。其實就連我們三個資深美女，雖是有過相似經驗，但在室外泡湯，還是以毛巾遮掩重要部位比較妥當，免得樹林間長了第三隻眼來偷窺。

泡著四十度的溫泉，在微寒的風中，真是種無以名狀的頂級享受。風在林梢竊竊私語，人在水中沉醉浸泡，仰頭看藍天、看綠樹、還看湯村旁那閒置的屋宅，各種情物各是訴說著各自的故事，池中的我們五人，也各是演繹各自的故事，不是嗎？

我想著，倘若是夜晚造訪此地，星空下浸泡湯池裡，仰首便可欣賞點點繁星，凝神便能傾聽風林低語，也許還會有唧唧蟲鳴來相伴，那將是泡湯的另一種浪漫風情啊！

「**溫泉水滑洗凝脂**」的情境，在求學時代只當是貴妃方能有的特殊待遇。待成長後自己真正也戀上泡湯樂時，方才發現人人都得以如此享受，非是貴妃獨享。至於「**侍兒扶起嬌無力**」，恐怕就是未注意個人身體狀況，浸泡過久產生不適的現象了。前曾於幾年前與大姊所屬婦女會同遊北海道，旅程安排上日日都有溫泉湯樂。旅店湯屋裡各類泉湯都有，首日大姊疏忽了浸泡熱湯約十五分鐘，就該

泡湯就泡湯，這小妞居然耍起寶來，水杓往頭上一扣，湯池裡俏皮嬉水，還來個YA呢，到底是YA啥呀？

離池沖涼緩和一下，想來是湯池氛圍太美，一時忘了，等到她離開湯池時，人就略感不舒服。隔日起，我負責跟隨其後，只要我估量她入池時間超過十分鐘，就提醒她該要離開熱湯池，換泡涼湯了。那次的泡湯記憶，因自感負有重任，所以並未完全放鬆心情沉醉泡湯之樂，但那並不會有任何遺憾，姊姊的身體狀況良好，要再泡多少次湯，都嘛是有機會的。

可不是嗎?那之後我們不是又泡了多次溫泉了?

這回我們五個大美女，泡的既是露天湯，因之已有涼風吹襲我等裸露香肩，因此大姊未顯無力不舒服。再說二樓長廊一頭是月之湯，另一頭是雅之浴，走過長廊，微風襲來，已將方才浸泡溫熱的軀體，給敷了一層膜，哪裡還需要冷泉緩和?

剛要入池時，小女孩還忸怩作態，這會兒說兩個小時很快要到了，兩個小女娃還慢條斯理，悠哉悠哉的恣意揮灑呢!

出了湯池，又是一番整裝。女人們出門，光是整理服裝儀容，又得耗費一些時間。我向來手腳俐落，其實是不願將時間用在此等無畏的浪費，整齊清潔迅速確實，是必要掌握的原則。所以，我換裝完畢，便在長廊上，遠眺玻璃窗外遠處的林子，耳裡聽著湯村播放的東洋音樂，陶然神往。若不是兩個小女生天真爛漫的輕笑聲音偶爾傳來，還真會錯以爲身在東瀛呢!

交還了置物櫃的鑰匙後，湯村泡湯行便是結束，然而既然來到這個幽靜之處，也就花園裡四處看看逛逛，再選幾個喜愛的景物拍照留念。因此門楣下，花叢間，小園裡，各拍了幾張，這才心滿意足的要踏上歸途。

才在回去的路途上，一群人已經計劃著下次的行程了。我們姊妹們又將往何處尋幽訪勝呢？且聽下回分解。

湯屋花園一隅，小花一株靜靜恣意散放她的美麗。

第二回　富田花園賞花趣　大溪湖畔雙峰山

話說我一家四個姊妹小時是長幼有序，姊姊負責照顧妹妹，妹妹跟在姊姊身後聽話就是了。多少年過去，分別嫁至各個不同家族，各自營造各家文化，但這並未將我等姊妹之間的情份沖淡，我們仍然擁有聯繫十分發達的交流網絡，平日從生活瑣事，到邀約郊遊踏青等都能暢通無礙。

竹子湖野菜園飽餐後，名流湯村露天泡湯完結那日，回到二姊家已是華燈初上，我與大姊本就約定當日留宿二姊家中，一夜酣眠之後，隔日將要探訪另一個幽靜處所。

清晨六時即起，這是本人向來生活習慣。次日六時如常睜開眼，回頭一望，大姊和小女仍是熟睡夢裡人。心想，距離約定出發的八時半，還有一段時間，就讓她們睡飽吧！免得沒睡飽精神不濟，遊山玩水就不能盡興了。

不過，因為本人已甦醒，進出盥洗室時，再輕手輕腳還是免不了出了一點聲音，這兩位美女再有通天本領，也還是被我的干擾吵醒了。

「幾點了？」大姊問。

「六點半過了。」

「該起來了。」大姊說著順便推推一旁睡著的莎莎，「喂，小姐，起床了，不然就別去了。」

小女一聽揉著惺忪睡眼起來，大阿姨已經「下旨」了，她怎敢再賴床？我是早已準備就緒，就先下到二姊一樓客廳等候，翻過報紙再看一節電視新聞，樓上那兩位美女卻還不見蹤影，女人啊！天生就是會拖拉。（呃？我不是女人嗎？）

好半天，那一個資深一個新世代美女，才一前一後扭腰擺臀的下了樓。用畢二姊爲眾人準備的營養豐盛早餐，當然就是帶著飽滿精神和愉快心情準備出發了。

經過一夜，今天同遊的成員與昨日有一點不同。

三姊的女兒，昨晚回到她自己的家後，告訴她媽媽，阿姨帶她去泡脫光光的溫泉，好彆扭唷，也不知有沒有在泡湯過程裡外洩了春光，她不要再跟阿姨出去玩了。小女生視爲天大之事，在我等資深人種眼裡，當成未見世面的天真，也就不好再強邀三姊女兒同行了。事實上，也是昨夜裡就敲定小旅遊團名單。大姊已邀約好她的一位嫁至台北的閨中好友，所以今天是四個資深美女帶著一個幼齒女娃（我家女兒）浩浩蕩蕩遊山玩水。只剩下小女莎莎一個美少女，她會不會感到孤單？才不呢！她知道她可享盡媽媽阿姨們的關照愛護呢！

二姊開著車一路開到永和接了大姊好友珠蓉姊，之後直接上了北二高，要向大溪方向去。聽說那兒有美麗的景色，好吃的餐飲，就是這些引動我等幾人躍躍欲試。

說來真妙，昨日上山泡湯，今日則是預定看山喝「湯」，這是兩種不同「湯」的風情，不論是「泡」是「喝」，想來會有不同的體會吧。

開著車的二姊閒不得，一邊開車一邊對著駕駛座右側的珠蓉姊說：「我在一個旅遊節目中，看到介紹大溪那裡有個雙奶山呢！」

「什麼雙奶山？」

不只珠蓉姊這麼問著，後座同是女性的我們也爭相發問，包含我的女兒也在我耳邊窸窣問著：「什麼雙奶山？」

什麼山都有，連「垃圾山」、「枕頭山」都聽過，就是不曾聽過「奶山」這玩意兒，而且還不是「單奶」，是「雙奶」呢！

這是怎麼一回事？幾個人都拉長了耳朵，等著聽二姊說分明。

「就是兩座山並排，樣子就像女人的胸部那樣嘛，所以節目主持人說『雙奶山』。」

「啊？那是什麼山啊？」發育中的青少年，我的女兒卻是難以理解。

「那就是山而已，妳不要以爲真是ㄋㄟㄋㄟ喔。」

大姊突如其來的話引起一陣噴飯，幸好早餐吃的是吐司，而且也早就消化了，不然在狹小的車廂裡，後果可就難以善後唷。

「A cup，或是 B cup，還是 C cup？」我故意俏皮的問著。

「喔，這就要實地去看了，說不定是超大cup咧！」二姊一說完，全車笑聲齊發，後座三人，大姊、小女和我還笑得東倒西歪、彼此碰撞一起呢！

大自然之鬼斧神工常會讓人嘆爲觀止，我們都還沒親眼領受自然的奧妙神奇，也才在往大溪的方向奔去，但此刻人人心中卻是已在揣摩那雙奶山的cup大小了。

旁人大約很難想像這一車五個女人（其實應該說四個女人一個小女孩），也能一路嘈嘈嚷嚷的嘻笑怒罵，究竟有什麼好玩的事呢？幸好車速夠快，又隔了車窗，所以二高上過往車輛在自己也是快速行駛下，就很難窺知我們的葷素笑談了。人生不也如此？各在各的車道中行進，各有各的生活模式。

我們在車上除了說說笑笑，還不停的吃吃喝喝。女人啊，就是喜歡這樣一路吃個不停，事後再說自己該瘦身減肥，真是拿她們沒辦法。而我，嘻嘻，也是這好吃一族啦。別以爲我會爲了身材忍口腹之慾啥都不吃，哪有這等事兒。本人可也是美食主義者，凡有好吃的食物，豈有錯過之理。那，我不就也是環肥一族。哈！哈！這你就差矣。不巧，我正好是環肥燕瘦裡面的那隻瘦燕子啦！這還得感謝天主、上帝、阿拉、釋迦佛祖，賜我一個穠纖合度。

題外話少說，言歸正傳。這一路開到大溪，下了交流道後，二姊說：

「雙奶山在靠近石門水庫那邊，沿途要先去哪裡玩啊？美女們。」

哇哇，這種隨興自由行的旅遊多好，行程可以隨時安插、隨時增刪，這麼一來才能玩得盡興，玩得通體舒暢啊！

放眼望去已非台北都會區的熱鬧景象，眼前漸漸現出的是郊野氣息，其實何須特意選個地點，此刻所在之地，處處都有動人興味啊。

「嗯……可以先去富田花園。」大姊翻著手上的旅遊雜誌這麼說。

「好啊，我沒意見。」與姊姊們出遊，我這跟班的當然是遵照辦理，跟著到處玩便是了，小女就更不用說囉，小鬼有得當跟屁蟲、跟著玩就是天大的幸福，她怎敢吭聲出意見呢？

既然一夥人都沒意見，當然就是先去「花園」賞花，之後再去賞雙「奶」山囉。

二姊駕車技術真是一流，連那看似羊腸小道的彎曲山徑，她都能穩穩開著，甚至還能在與來車相會時，稍稍移向路肩田邊，我們坐在車裡的人舒適極了，絲毫不擔心車子會滑落田裡。

反正坐上車，就是把安全都交託給「司機」了，相信她，她就真能將我們平安送抵目的地，我們可是同在「一部車」裡啊！

果真，不消多久，二姊就已開到富田花園。

停妥車，買了票，才進入花園，女兒就如發現新大陸般的嚷著：

「嗄，『天國的嫁衣』在這裡拍的呢！」

「什麼？什麼？」珠蓉姊和大姊也如小女孩般的要探知究竟。

小女一一述說。果然是小孩，才會特別注意流行的偶像劇，連場景都記得如此熟悉。只是，也真奇怪，劇名取個『天國的嫁衣』，這是啥東西？

太陽熱情，向日葵也熱情的頻點頭向遊客問好。

「哎呀，妳不懂啦，『天國的嫁衣』多好看哪！」咦?她好像也沒回答正題嘛。

女兒說我不懂，其實我也真不想懂，只是年輕孩子熱衷的事物，還是得嘗試去了解、去接受、去喜歡，才能走進他們的世界。所以，當女兒鉅細靡遺的講解『天國的嫁衣』劇情時，我還得耐心忍著，聽她說完那一長串呢！

其實她說解的時候，我大部分精神是放在欣賞園區裡的各式花卉。超大朵的向日葵，穿著鮮艷黃衣裳在艷陽下輕輕搖曳著身軀，頻頻向遊客放送可愛的笑容。

「唉，真可惜，沒在他們拍戲的時候來這裡，不然就可以看到真實版的『天國的嫁衣』了。」女兒說的是孩子的童言童語，我是以「嗯嗯」同理她的心情，再告訴她，「拍戲的時候大概就不開放了，要不然怎麼拍啊，看電視美美的也很好啊。」

「說得也是喔。」女兒認同了，這才能全心欣賞此地的風景。

我們在花園裡看到的巨無霸向日葵，一朵花就比人的一張臉還要大，這是特意培植的品種嗎？為什麼咧？或許又是因爲「數大就是美」的迷思吧！

花園裡除了一區向日葵，還有一大片薰衣草園地，一片溫柔的紫花，才剛剛長出，還不到鋪成一張柔美紫色地毯。雖然這有點美中不足，不過殘缺也能是一種美啊。因爲還不到薰衣草花季，所以我們走在狹窄走道取景拍照時，格外小心翼翼，生怕一不小心踩傷了薰衣草，那就罪過了。

這天風和日麗，總共有四對新人到此花園拍攝婚紗，我們在瀏覽花園風光的同時，也爲即將進入禮堂的新人，見證了他們「執子之手，與子偕老」的許諾。看人家拍婚紗，遙想當年自己的婚紗照，好像還真是「端不上檯面」。想那時厚厚一本精選二十五組，稱得上是大手筆，

來時未到花期，紫色還不到溫柔時候啊！

卻不料，女兒還會把它評得一文不值。

「媽，妳的婚紗很遜呢！」

「喂，那時很少人拍那樣大大一本婚紗，大部份都只是宴客的照片，和全家族排排坐的照片而已，我的已經不錯啦！」

「可是，又沒有出外景。」女兒這樣說。

「外景有什麼好？」我當然要捍衛自己當年的抉擇。

「只在室內拍攝，背景都不好看。」

「哪會？」

我不僅嘴巴上打死不承認，甚至還執意自己當年的婚紗照是「極品」，但這日看了新世代的外景婚紗攝影，也就不得不承認，自己多年前的婚紗照果然是「遜」啊。

還在和女兒對話間，大姊就表示花園賞花心願已足，準備要離開富田花園，往今天的目的地「雙奶咖啡」前去了。於是和女兒對婚紗相異的觀點就此打住，我的婚紗哪還輪得到她來評定？那時她都還在送子鳥的大籃子裡排隊等著下凡呢，反正只要當事人的我覺得是獨一無二就好了。

二姊開動車子後，沒見她繞幾個彎路，很快就到了一處名稱是「龍珠灣」的地方，聽說這也是一處不錯的景點，不過看去幾無人煙的樣子，似乎是已呈歇業狀態。一夥人下車要向售票員請教，卻是無人可詢問。看著那尚稱完整的設施，卻閒置路旁，不禁令人惋歎，島內還有多少類似的閒置場地呢？我們幾人前前後後看了又看，真是找不到人可借問「雙奶咖啡」何處去？看來只得自己摸索了，一群人只好悻悻然離開龍珠灣。

車子再度開動沒多久，二姊眼尖突然瞥見右側一家「大溪湖畔咖啡」，當下她的記憶漸漸浮現，與她在電視旅遊節目所見到的景象相似，難不成這裡就是……？

「很像是這裡，可是爲什是寫著『大溪湖畔咖啡』？那個節目主持人明明說是『雙奶咖啡』，咦？怎麼是這樣？」二姊喃喃自語著。

「妳有沒有聽錯？」

「沒有，主持人是說『雙奶咖啡』啊！」

「那……下去看看問問嘛！」

於是停了車，二姊進入大溪湖畔咖啡相借問，一問之

果然是峰峰相連啊！呃？是遠處那兩座山頭，別看錯唷！

下，才知此地便是她所說的「雙奶咖啡」。眾人在服務人員指引之下，往湖的對岸望去，果然對山是兩座山峰連綿挺立著，我們幾人因之竊竊私語著。

「呵呵……真妙啊！」

「妳們看，像不像雙奶？」二姊說話向來直接。

「還真的是兩個呢！」珠蓉姊說。

「嗯啊！所以那節目主持人才會說「雙奶山」啊！」會這麼說的還是二姊。

「喔——這cup太大了，沒這尺寸喔。」

我此話一出，大家紛紛笑成一團。

這天並非假日，可這大溪湖畔咖啡卻是滿滿人潮，顯見現代都會人士用心過生活，也顯示喜歡親近自然的風潮正在島內形成。快速的生活步調下，人們容易壓力過大，偶爾放慢腳步，到近山處，聽風看湖，也會有另一種體會，甚至還能洗滌內心沈痾，過一段快意人生。詩云「半畝方塘一鑑開，天光雲影共徘徊。問渠哪得清如許？為有源頭活水來。」我們爲了要有更多活力持續生活，不是也得有清如許的源頭活水不斷冒出嗎？那麼，經常性的親近大自然，從其間定能獲取源頭活水唷！

大溪湖畔咖啡地下樓用餐區座無虛席，餐後的湖畔咖啡座也是坐滿了人群。我們好不容易等候到一處座位，慢慢用過午餐，室外咖啡座上仍然滿是人潮，我們只好選擇上到一樓，依著窗畔邊飲咖啡邊欣賞山光水色。湖，就在腳邊崖下；山，就在對岸凝眸；心，於是漸漸寧靜。

我和女兒都是熱衷此道之人，我們倆悄聲說，若是只有我和她來到此地，大概會是坐上一天，邊喝咖啡邊看書寫字。但是今天是和另外三個資深美女出遊，就得配合團體活動，停留在此地的時間並不會很長。果然，下午三點多我們就離開大cup的雙奶山，說是沿路要去拜訪石門水庫。

石門水庫名聞遐邇，許多人到桃園都會想要一睹她的廬山真面目。這一回距離我前一次的石門遊，少說也有二十年的記憶了。想想，真是光陰似箭哪！一眨眼，我已非青春正盛的大學生了。

一進石門風景區就該買入園票，這是法令規範，當然得遵守。我們等在一部車子後面準備，幾分鐘後輪到我們，售票員靠近車窗點點人頭說：「總共兩百元。」

「那前一部車子怎麼沒買票？」

奇怪？前一部車有沒有購票二姊又知道了？難道她視力特別好有看到？那我們其他人的眼睛是怎麼了？瞬間失焦了嗎？

「他們有殘障手冊。」

哦？原來是政府對殘障同胞的福利措施，應該這麼做的，這下大家都沒話說。

山巒圍繞的水庫，湖面平靜波光粼粼，她並未因風皺面。

售票員這麼回答後，二姊也手持鈔票要遞給售票員，但天才的她口裡卻又說到：

「我們一車五人加起來超過兩百歲，還要收錢喔？」

當然，二姊只是說笑，但是當她說完，包含車裡車外的人都笑岔了氣。我真是服了二姊，常常突如其來迸出一些無厘頭的言語，讓大家的反應不得不跟著她的話跳躍。

這一跳躍我忽然想起二十年前的遊湖是在冬季，天氣寒冷陰雨，那時只顧得防寒防雨，根本沒置放太多精神在風景上。此次前來冬寒已盡，春日將現芳蹤，朗朗晴日，輕風徐來，好不舒暢呀！另外，當年是鄭重其事團體遊石門，心情是雀躍，焦點是人際互動，鑲嵌進腦海的石門風光究竟有限。反而是此番無所為而來的賞湖，才能輕鬆看山看水。而水庫風光也已非當年那般「原始」，現在因為有秩序的規劃，在在呈現出風景遊覽區的面貌。這樣的改變，是進步的必然現象，但我們也在這之間失去了什麼吧！

進入湖區後，我們下車走走看看，又是不免要將湖景攝入鏡頭，幾個人輪流擺出動人姿態，要將最美的自己和最美的湖光，留在鏡頭裡，石門風光將能永恆燒錄在光碟裡了。

石門之後，姊妹們各自回家扮演人間各式角色，之後又將相邀遊賞哪處？且聽下回分解囉。

湖畔小徑憑欄呢喃，難忘今昔兩度石門遊。

第三回　寶山水庫滌塵囂　北埔擂茶現古味

話說我等姊妹們每隔一段時間總會找個名目相聚，也許台北兩位姊姊南下，也許四人一起回到台中，也有可能是我和大姊上台北。再有一種可能是大姊因爲有事北上，再順道邀我一起，等她事情處理完，我們再來一個姊妹聚會。相聚可能只是匆匆一日聚餐敘舊，也可能是來個兩三日的短程旅遊。二姊這時若在國內，便是四人全員到齊，若是她還在加拿大，少了一個，我們其他三人照樣能聚。同理，我們的聚會也可能有額外成員。

此次寶山北埔之旅便是除了我等姊妹之外，還另外多了一員出遊，不過倒不是我家自小流落在外的姊妹，也不是半路殺出個相認的親戚。事實上是我家大姊特意邀請她難得北上的妯娌，暫時拋下家裡瑣事四處走走逛逛。

這就奇了，大姊夫家妯娌既是難得北上，那這回她又爲了啥難得之事北上？這事竟重要到她不得不放下家務？原來呀！是大姊夫家家族裡有一晚輩結婚，典禮、宴客都在台北舉行，所以南部親友只好北上參加囉。大姊便是認爲她那妯娌半輩子克盡主婦本職，難得一趟出門機會，就得好生把握這難得機會，帶她四處玩玩看看。

於是那夜吃罷喜酒男人們連夜趕回古都，她們妯娌倆則夜宿台北圓山飯店，我則是當天下午就到了我的「台北行館」——二姊家。次日一早，二姊開車載著我與三姊前去圓山接大姊與她妯娌。

和大姊妯娌二人圓山見面後，未出發前先帶著我跟著孩子喊寶桂嬸的大姊妯娌，圓山前後花間樹下取景拍照，讓她擁有個「到此一遊」的證據。拍照時間沒耗太久，之後幾人陸續上車便要出發了，二姊不消多問，早知大姊想去的目的地。

一路開著車上國道，幾個女人少不得又是嘻嘻哈哈的，就是如此時間才過得快，不知不覺也將下新竹的交流道。

「先繞去寶山水庫吧！」大姊出聲做此要求。

「喔。」開車的二姊無意見，也正合了我意。

只是三姊不知「寶山水庫」是哪個景點？她問我：「寶山水庫在哪裡？」

「嗄？妳婆家出身新竹，妳不知道寶山水庫在哪裡？」

「現在又沒有人住在新竹，而且他們家是在竹東，又不是新竹市。」

「寶山水庫就在新竹和竹東之間呢！」

「嗄？是喔？」

其實，也難怪三姊對寶山水庫不熟悉，因爲啊，前次我們出遊寶山水庫，便是少了她一員，而另一個因素是，未經誇張妝扮的寶山水庫，恰似羞怯的小家碧玉，可以想見所知者有限囉。

事實上，每次到新竹，不論野遊之處是哪裡，大姊必定指名「順路」去寶山水庫走走，天知道是不是「順路」？大姊喜歡寶山水庫，完全沒有特殊原因，純粹只是寶山水庫的天然景致，讓人悠然神往，再來就是水庫邊上有個「沙湖歷咖啡館」，很適合在這兒偷得浮生半日閒啦。

其實不要說是大姊，就連我，隨大姊來過一回之後，也戀上了寶山水庫清新自然沒有匠氣的純色。我想起古人詩句「**水光瀲灩晴方好，山色空濛雨亦奇，欲把西湖比西子，濃粧淡抹總相宜。**」

在寶山水庫確實也能有「**水光瀲灩晴方好，山色空濛雨亦奇**」的美，但可以確定的是，寶山水庫不宜和西湖比擬，甚至任何一位絕色美人，因爲她引人之處便在於她的淡與柔啊

寶山水庫名氣不若翡翠水庫響亮，整座水庫完全談不上建設，當然是與華麗氣派的石門水庫無法相比，然而這

柔柔的山，柔柔的水，連水邊的小樹也柔柔的。

也才是她動人所在，就是那一份未經修飾的美，教人流連啊！

說來是遺憾，少有人們會對寶山這樣一座不起眼的水庫關切，但這卻又是萬幸，沒有過多廟會似的朝拜人群，寶山水庫方能保存她原來面貌，而我們也才能「入寶山未空手而回」，心裡填得滿滿的美好感受。

寶山水庫藏身在新竹與竹東之間的新湖路旁，乍看之下彷彿舊時大宅裡的一湖清淺，湖的四周盡是自然生長的綠樹青草。幸好她的不被重視，才能逃過人工雕塑的殘害，也才能依然長著原來就有的樹，開著隨處想開的野花。也幸好她的不出名，才能避免如織遊人的喧擾踩踏，寧靜是此地唯一的註解，湖綠綠不興水紋的水，幽幽闡釋著世界合該是這麼的平和、安詳。

從新湖路邊有處水泥階梯可往下走去，那個階梯其實是「沙湖歷咖啡館」的入口階梯，但從這階梯一階一階繼續向下探去，便能到達寶山水庫邊岸，感受微微清涼的風息迎面撲來，再靜靜凝視她未經破壞的質樸面貌。在安詳寧靜的湖邊或站或坐，或玩笑或嬉鬧，純然隨當下心情決定，清明的天空包容我們所有的心情，含羞不語的寶山水庫陪伴我們度過輕鬆時分。

階梯的左側則是咖啡館所在地，這個咖啡館除了主體建築之外，還向外延伸，在依傍著水庫的地方搭建了露台，露台上放置幾張咖啡桌椅，每一張桌子上又都撐開著一隻大大遮陽傘，這便是露天咖啡座。

第一次來到「沙湖歷咖啡館」時，正巧館方整修中，所以錯過在寶山的寧靜懷抱細嚐咖啡美食的機會。此次我二度到訪，因為大姊行程安排中，寶山水庫純粹是「路過」，而且用餐地點也早選定將在北埔，所以仍然無緣與寶山一同享受餐敘的氛圍。這雖有我小小不為姊姊們探知的失落，但我知道，我將再來，寶山水庫仍會以她的真純無瑕接待我，那時，我將以咖啡和寶山對飲，那興味必是更甜於此時。

雖然兩度來時都是白晝，靜謐雅致的景象已讓人驚艷，但我仍貪心的想像著，當暮靄低垂華燈初上時，或是黑暗籠罩夜色昏沉時，又或者是陰晴不定細雨綿綿時，在大傘下啜飲著香醇濃郁的極品咖啡，呼吸著飽含水分子的清氛空氣，欣賞著如詩如畫的湖光水色，那將是人間一大樂事啊！

猶記得第一回來此時是細雨霏霏，傘下與寶山靜靜相看而不厭。

「唉，下雨了。」二姊說。

「很美耶。」濛濛細雨中的寶山水庫如詩如畫令我迷

將有一日我會在露天咖啡座上，啜飲香濃咖啡，和淡雅的寶山水庫靜靜凝眸。

醉。

「可是撐傘真不方便。」

「還好吧？雨珠滴在傘面上像跳舞呢！」

「喔，真受不了妳，又不是三歲小孩！」

呃？二姊是說我「裝可愛」？還是只有三歲小孩才可以「天真」？那我可不可以「童心未泯」？

其實不只是我陶醉氤氳水氣雨簾的詩意，就連大姊也是喜愛這款濛濛的朦朧美。

「下了雨不一樣喔！」大姊這麼說。

「對啊！真美。」我附和。

「很冷啦，快上車。」個性實際的二姊催著大家回到車上。

那回來時在冬季，幸運的我入了寶山水庫的畫境。美，何須恆常擁有，在那剎那間已在心中根植美的記憶，永遠無法磨滅了。

而此次即便我們來到的時候，是豔陽高掛，明晃光亮

臨水照花人，照的是湖邊小花？還是這四人？

的天色，照見出的寶山水庫精神奕奕，畫意有餘，詩情也還是不缺。但因我們此行目的地非是寶山水庫，唯是僅僅路過，也還是流連再三，難捨她的美采。

「嗄？要走了喔？」三姊明顯不捨離去。

「對，我們今天要去北埔，這裡看看就好，要，下回再來。」大姊說。

「不在湖邊吃午餐喝咖啡喔？」無法抗拒美食的三姊，原來留戀的是這個。

「現在還早，今天去北埔吃客家料理，順便再擂茶。」

「擂茶？」我聽過但不知道詳細內容。

「擂茶？妳不知道喔？就是要把茶葉擂成粉……。」

三姊正爲我解釋著，卻被催著上車的二姊打斷。

「好了，上車再說。」

還是得揮手向寶山水庫道別，因爲我們將要向著他處去，寶山這份美景只得暫時保存記憶中，來日尋得時候，再叩「沙湖歷咖啡館」的門扇，點它一杯咖啡極品，傍水景思流光了。

帶著陶然心情頻頻回望，就算再徘徊流連也是得離開，在優良駕駛二姊催促下，一行人坐進車裡再度上路，向著目的地北埔而去了。

我們姊妹們出門，很容易就忘了自己如今年紀，總也還像小時候一般，嘻嘻哈哈，一路鬧將而去。司機不做他人想，仍是二姊擔綱，四個姊妹中，她真是唯一能承擔這個重責大任的人。我們其餘三人，美其名是「好命女」，實際上是步步要靠人哪！

大姊雖然也擁有那張小小的駕駛執照，而且是到手已有二十年歷史的駕照，不過啊，她真是一次上路經驗也沒有，更離譜的是只要坐上駕駛座，油門一踩，雙腳自然往上蜷縮放在駕駛座上，這可怎麼加油？怎麼踩煞車？如何開得了車啊？這樣的人不要開車上路，對她對別人都是福音。

至於我家三姊，則是取得駕照後有過幾次實戰經驗，但因為車非她所擁有，能讓她實地操作的次數也不多，因而一直延宕買車計劃，後來更因台北捷運系統結合轉乘公車，讓整個大眾交通十分便利，她便成了捷運通勤一族，開車一事也就擱下多年了。而我，說來見笑，車是學開過，駕照卻是沒擁有過，後來安步當車慣了，出門全憑一雙腿，連唯一熟悉的交通工具——腳踏車，也因此而久不碰觸，腳踏車輪胎都已經自然瘦身成「扁平族」了。

孩子曾經對我說：「人家我同學的媽媽都會騎摩托車，有的還會開車呢，妳什麼都不會，很遜呢。」

「這樣就很遜喔？」

「嗯啊，人家的媽媽什麼都會，妳卻是什麼都不會。」

「我什麼都不會嗎？」

「是交通工具都不會啦！」

「欸，我會騎腳踏車呢。」

「只會腳踏車？太遜了！」

「嗄？遜不遜是這樣比的喔？」

「……。」

「其實啊，我是這樣想的啦，這個社會少了我一個人開車、騎摩托車，就節約一份能源，也減少一份污染啊。」

我真的這樣想，並不是爲我不擅操作汽機車兩項交通工具而找藉口，我想孩子應該能體會我的心情，後來他們也真的沒再說過什麼，甚至還樂於與我一起步行呢。

我想，在許多人眼中我算是是當今社會的異類吧！

我常會懷想少年時光，那時擁有機車的家庭就算是頂級，尋常家裡都是腳踏車代步，那年頭腳踏車還掛著車牌繳著牌照稅呢！可那時節的空氣幾曾聽說過污濁骯髒？那年代的街道哪會有塞得滿滿的汽機車？別說臭氧層沒聽過，就連酸雨是啥東西也沒人明白。然而爲了生活的舒適進步，相對的人類得付出慘痛的代價，究竟值不值得？恐怕是值得深思吧。

生活在二十一世紀的現代，除非隱入深山荒島，否則多少還是會運用到現代化發明。至少出個遠門得有代步工具，我們姊妹的共乘，雖是珍惜相聚的成份高，但不過度耗費資源造成污染也是有的。四姊妹中既然三個是無法付與開車的重任，那麼在國外多年的二姊，就是理所當然的「運轉手」了。而有她開車，我們也都完全放心，「外國人」在台灣開車通常是很守交通規則的。

離開寶山水庫後就是這樣一路嘻嘻哈哈，只顧談笑忘記瀏覽沿途風光，大約是潛意識裡都不想錯過得來不易的姊妹聚會吧！

車子很快就開進了北埔小鎮，寧靜純樸的古意氣息，讓人不知不覺中轉換了心緒，四個姊妹也因此停止了原來的嬉笑，自然沉澱出走向舊時的氛圍，靜靜凝望眼前的北埔風光，好像就是舊時庭院，好像就是教人緬懷不已的年代。

真好，只要姊姊駕著車彎彎繞繞，就能走過一扇穿越古今的門，從喧囂繁華的花花世界，遞嬗到沉靜質樸的古道，讓人從熟悉到放心。停妥了車全數都下車後，我們在北埔老街上悠閒踱步，難得偷得浮生半日閒，姊妹們再像成長時期齊聚一起，實是讓人心情愉悅。

「和我們小時候跟阿祖一起住的街道很像喔！」三姊頗有感觸。

「我們住的民族路哪有商店？」

「有啦，對面那一邊還有酒家呢！」

「可是沒這麼多不同的店。」

「我是說感覺很像……」

二姊與三姊打從下車就開始抬槓，偏那是沒有結論的爭辯，還是得有個「有份量」的人出口制止才有效，這人當然就非大姊莫屬了。

「好了啦，妳們兩個看就看，說別那麼多。」

噤聲靜靜瀏覽才能專心，老街之所以稱之為老街，則是因為保留許多舊日風情，在在能引人發思古之幽情，舉凡建築、街道，都仍是舊時樣式。走在路上，步調自然放緩，都會生活的緊張匆忙，在這兒是見不到的。一時間錯覺全上心頭，彷佛就是兒時跟在阿祖身後遊逛大街的情景，忍不住讓人想多沉醉一下。然而，流逝的歲月是不會再回頭的，而我等姊妹們也已是「人高漢大」，再不是幼年的「矮小瘦弱」，還有永遠一式唐衫衣褲一式髮髻的阿祖也仙逝多年，我，還是得清醒吧！

老街上有各式各樣店家，其中許多是飲食、糕餅之類的商店，都一一保存著客家風味，未被其他族群的口味取代。我們走進餅舖，該買些什麼餅呢？北埔有名的是芋

古老宅第前，新世紀仕女，
是相映成趣？還是扞格矛盾？

仔餅、蕃薯餅，油油酥酥別有一番風味，姊姊們試吃後選購，我一眼瞧見了「肉餅」，那時舊時女兒出嫁時要做來分送親友的餅，這一、二十年來，結婚喜餅也早西化成，一盒一盒鐵製餅盒裡裝著精緻的西點餅乾。我不禁想到，標榜精緻好口味的西式喜餅，甚至隆重華麗的結婚儀式，所締結組成的婚姻，一定也是完美無瑕的嗎？抑或那只是美好外觀下一捏即碎的餅呢？看著陳列架上一塊塊渾厚穩重不具媚態的「肉餅」，從前的婦女不正是如此沉穩的操持一個家，而婚姻得以延續至金婚、銀婚、鑽石婚，大約也是要經歷各種磨合歷練，一如肉餅裡各式內餡融成一體這般。

買過糕餅，再進茶行，店家主人介紹各式茶品，高山茶、烏龍茶、綠茶都有，另外還有擂茶粉。呃？擂茶粉？不是自己擂出來的比較有意思嗎？我的想法也正是姊姊的想法，當下藉著眼神及耳語，我們是要餐後親自擂茶的喔。

來到北埔，沒用個道地客家餐點，宛如拼圖少了一角，尤其是客家擂茶更有其深遠含意，不可不自己「擂一擂」。

我們選定廣福茶坊，先是用了客家風味餐，薑絲大腸的酸勁，讓人不自主的口中生津；苦瓜鹹蛋融成一體後，甘甘鹹鹹的滋味別具一格；菜脯蛋裡有蛋香有菜脯味，除了口齒留香外，還引人懷想起兒時不是豐裕的生活；而嚼勁異於一般麵食的客家板條，當然也是不能少的料理，姊妹們進食間仍不乏談笑，不過已少了兒時空中筷子大戰的場景了。

飽餐之後再來點消耗體力的擂茶，對客家飲食才算有了一系列的初體驗。初始我對擂茶完全沒有概念，沒有察覺到「擂」這個字眼隱含的研磨之意，以爲與平日在家沖茶品茗相差無幾，後來經由資訊才瞭解，這其中有著大大的不同，而且擂茶又與日本的抹茶有異，很是獨特，也很有學問的呢！

光是擂茶的內容就與一般沏茶不同。平常我們是滾燙開水沖泡茶葉，之後飲用那沖泡出來的汁液。擂茶卻不是如此簡單的內容與步驟，擂茶內容物不僅僅是茶葉一項而已，除了綠茶葉，還有芝麻、花生、葵瓜子等隨人喜愛酌量加入。擂茶的時候還得注意，材料可不能一次就全部放進去，而是要一點一點加進陶製擂缽，再以一根擂茶木棍慢慢將材料磨碎，等到磨得細碎完全看不見顆粒，甚至粉狀物出現晶亮油光，便是可用滾燙熱水將之沖泡調勻成濃稠湯汁飲用。這真是訓練不急躁的好方法呀！

聽說擂茶既能解渴也能充飢，現在更常被視作日常保

看似簡單的擂茶，其實是很費力的唷！

健飲料。擂茶另外有個名稱是三生湯，傳說是三國時代蜀國的張飛帶兵進攻武陵的時候，士兵們因感染瘟疫以致無力作戰，當時有一位醫術高明的長者因爲推崇蜀軍，於是獻上祖傳去除瘟疫的秘方，將生茶、生薑、生米磨成糊狀，煮熟後給將士食用，結果湯到病除，張飛因此讚曰三生有幸，三生湯也因此而流傳開來。

小時候寒冬夜裡常聽見巷弄裡嗚嗚叫的水滾聲，和那一聲聲喊著「麵茶、麵茶」，和這些不論是三生湯也好擂茶也罷，都有異曲同工之妙吧！

北埔一遊教人彷彿坐著時光機開了小叮噹的任意門，回到了童稚年代，不但心靈飽足了懷舊思古，就連腹肚也飽足了美食好茶，即使是意猶未盡，也還是得向北埔告別。因爲其後的行程姊姊早已排定，那麼，接下來將泊靠何處？且聽下回分解囉。

第四回　綠野仙蹤新世界　大隘山莊思幽情

話說我等姊妹們出遊，雖也偏愛美食美景，但其實最愛的還是自然質樸之處，多數也是向著郊野而去。想來或許我姊妹們都是「誤落塵網中，一去三十年」，又或者我們自來便是「少無適俗韻，性本愛丘山」。呵呵，這麼說好像有點矯情之嫌。撇開這樣的自命清高，實際上是爲了暫時解除久居樊籠的束縛，讓身心稍有喘息空間，這正是那「久在樊籠裏，復得返自然」恰恰可說明的吧！

距離上回遊山玩水又過一陣，該是要解除禁錮時候，算算也應是要計劃相約郊遊去了。這麼想著時，大姊當真提出「尋幽訪勝」的邀約，她是老大，只要她「登高一呼」，我們其他三個沒有不響應的。

那，這回計劃遊到哪一縣、哪一個風景怡人處呢？

放心，大姊向來心思細密，行前必會先做規劃。所以此次系列景點，經她事先敲定，還是落在石門所在縣份的的下一縣——新竹。新竹乃名聞遐邇的風城，也是客家族群居多的縣份，到新竹一遊，必能有多重收穫。

就因新竹縣境有許多值得探訪的地方，所以大姊做了夜宿的安排。一方面是將要暫宿之處，那仿古的建築一直縈繞大姊心間，所以這次她是特意領著她的妹妹們前來親身體驗，另一方面是遊山玩水必得有足夠時間、悠閒心情，才能真正的與自然同在。

為了要早早便能在白晝欣賞美景，大姊與我分別從各自居住的城市，搭乘清晨即發車的公路客車往新竹出發，台北的二姊、三姊，則是拿捏好時間再由她們住處開車下新竹，果然相候不到十分鐘，我們四個姊妹便在撲面仍帶寒意的風中碰頭。

姊妹情深不需特意寒暄，隨即不做逗留地便向目的地前進。

前回北埔美食的香氣似還記憶猶新，我們姊妹便又來到北埔這個老鎮，不過這回北埔老街只是路過，因為我們的目的地是綠世界生態農場。

「今天我們要去哪裡？」平時精神全放在工作的三姊，對出遊這事總是少一根筋。

「綠世界。」

「這是什麼樣的地方？」

「嗯……是一個新開發的……。」

我正要仔細為三姊做說明，大姊就出聲了，

「去了就知道。」

「喔——」

綠世界是新近在北埔地區開發的綠野公園，剛剛開放未幾，我們也趕在最新鮮的時刻去「觀光」。不久前聽大姊說起，並無法實際感知「綠世界」到底是多大的世界？及至這回真正身歷其境，才赫然發現，「綠世界」還真是個大世界啊！占地有七十多公頃呢！七十多公頃到底有多大？這可傷腦筋了，想來是千萬倍於我那三十坪大小的家囉！

買了票入了園，細細看著簡介上「綠世界」的分布圖，分別有天鵝湖、大探奇區、水生植物公園、鳥類生態公園及蝴蝶生態公園等五大主題區。除此之外，還規劃有金剛鸚鵡區、可愛動物區、亞馬遜雨林區、空中植物區、有毒植物區、熱帶風情屋、以及客家古厝文物區……等三十八個觀賞區。抬眼往山巔看去，這樣一個是休閒也是育樂的生態農場，完整走過一趟後，想必是多認識了幾種植物或動物，而且運動量也堪是足夠的了。

幸好這天天氣陰涼，走在「綠世界」裡感覺舒適悠閒，姊妹們還是如稚齡時候，一路說笑玩著再一路取景拍照。原只是姊妹們且行且聊，不意卻巧遇大姊家的友人L先生，此君是大姊夫家侄兒的同學，也正是農場高級幹部，當下便熱心權充導覽人員，爲我姊妹們一一介紹園區裡的各類動植物，並詳加解說各別特性。我們真是幸運啊，托大姊之福、拜L先生之賜，比起其他遊客省卻單獨摸索認識的時間。

文明過度進化的年代，偶爾投身自然綠地，不啻是洗滌身心的最佳方法。姊姊們對於天鵝湖區別有興趣，此區雖名爲天鵝湖區，其實還包含有來自西伯利亞的雁鴨，還有鵜鶘和鴛鴦呢。姊姊們爭相要與這些可愛鳥禽拍照，可牠們都恣意在牠們的自在生活裡，哪管得了我等的取鏡，牠們愛動或不動都讓人傷了點腦筋呢！

一路說說走走、走走停停，也才不覺得腿痠腳麻。接著再走向水生植物公園，聽L先生介紹水生植物園區的規模在亞洲是數一數二的，其中包含了沉水、挺水、浮水和漂浮植物等數百種之多。有道是內行看門道、外行看熱鬧，在走馬看花的行程裡，駑鈍的我都沒記住植物的名字。我啊，是為自己再找一次旅遊的動機嗎？L先生告訴我們，到了夏天某些植物開花時，許許多多斑蝶會來此地採蜜，形成的景致，真如夢幻世界，可惜我們來的不是時候，要等開花還早得很哪！

走過有毒植物區的時候，L先生特別提醒可別看到美麗的葉片和花朵，就伸手去碰觸，很可能就會「毒」了你，讓你手癢難受唷，我聽了趕緊把手背到身後，免得「毒物」跳上手來。有些植物外形雖美卻是帶毒，但有些就不是了，不但花形美麗、色澤鮮豔，還有可愛俗名呢！像在蘭花區裡，有一種蘭花或淡黃或淡紫，小小身形可愛極了，她便有個可愛至極的名稱。

「拖鞋蘭耶！」二姊興奮說著，神情如三歲小孩。

「為什麼叫『拖鞋蘭』？」

「妳沒看花的樣子像拖鞋？」

「欸，還真的像呢！」

孤陋寡聞的我第一次聽到這麼可愛的「花名」，忍不住再盯著小小花兒瞧個仔細，那樣子還真像洋娃娃穿的超迷你拖鞋，不由得我也喜歡上了。向來我就是喜歡花苞小巧的花，比如桂花、茉莉、蝴蝶蘭……等，現在再多一種保育類的拖鞋蘭。

園區裡花色繁多，一時半刻也記不得許多，又因疏忽未準備筆記本做筆記，也就只把拖鞋蘭記住便是了，不過這也增強了日後再度來此的動機。

L先生非常客氣，引著我們參觀到園區裡的百年客家古厝時，除了介紹磚造古厝已有百年歷史外，還堅持請我們享用客家古厝餐廳的客家料理。因爲卻之不恭，於是接受，之後我們便在大樹下進行室外午餐了。

餐後，大姊向L先生表示已耽誤他過多時間，請他不需再陪同遊園欣賞，我們因此自行參觀了鳥類區。鳥園裡因爲鳥兒數量不少，吱吱喳喳此起彼落的鳥啼，聽來竟不感悅耳，而我家自小便頑皮的二姊，竟還學著啼叫，嘗試要與鳥兒溝通，我真是服了她了。

看這古老桌椅、牆上簑衣，還有那立在走道上的廚櫃，在在引人發思古之幽情。

歌聲如黃鶯出谷的三姊，鳥園入處留影，是要和眾鳥兒拚一下嗎？

午後艷陽高掛，再因飽餐後頭腦混沌，在欣賞鳥類之後，我們姊妹順著參觀路徑，尋到休息區便是偷懶坐下。七十餘公頃的綠世界夠大了，我們卻還是二度遇上了L先生，L先生依然多禮導覽，大約也是看出我們幾人露出疲憊之色，L先生於是引領我們去到動物劇場，我們邊飲用咖啡邊欣賞工作人員與動物們合作無間的表演，一方面歇腳休憩，另一方面也算是知性之後的娛樂。

末了，L先生隨意說起園區裡與人相契的金剛鸚鵡，甚至還鼓勵我們嘗試讓金剛鸚鵡在手臂上歇息呢。

「來來，妳們試試看，金剛鸚鵡很聰明很乖。」

「牠會不會咬人？」二姊有點怕怕的。

「不會的，工作人員用心教過，牠會輕輕停在妳手臂。」L先生說著先以身示範，「妳們看，就是這樣啊！來，來，誰先試？」

我們四人面面相覷了一會兒，最怕又最有憨膽的二姊自告奮勇的往前踏出一步，她先試了，只見工作人員要金

瞧，我家二姊這亂沒形象的模樣，也不想想她的尖聲驚叫會不會嚇壞了金剛鸚鵡？

剛鸚鵡飛到二姊手臂，而二姊卻是「尖聲驚叫」著，我們特別將她的「表情」拍照存證。

之後我們其他三個姊妹也分別和金剛鸚鵡合照留念，表示我們也曾和金剛鸚鵡如此親密過。

事實上僅是一日，參觀綠世界大概也只能蜻蜓點水、走馬看花。水生植物區、亞馬遜雨林區、空中植物區的諸色植物，雖是記不住學名，但形貌都在我腦中留印深深。我想，它們仍會在風中昂揚，等待我再一次臨風靜賞吧！

遊罷綠世界，這晚我們將要夜宿「大ㄞˋ山莊」。

行前幾度聽大姊說到「大ㄞˋ」，都不曾細問「大ㄞˋ」的「ㄞˋ」是哪個「ㄞˋ」？那時，心裡直是將這山莊和慈濟的「大愛」聯想一起。當我們離開綠世界要轉往大ㄞˋ山莊的路途上，又是一路聽著大姊說著「大ㄞˋ大ㄞˋ」的種種，我仍自以爲是那個熟知的「大ㄞˋ」，所以也就沒開口問。等到二姊將車子開入大隘山莊，才發現原來「大ㄞˋ」是「大隘」，而非我一直以爲的「大愛」。

「嗄？是『大隘』喔，我以爲是慈濟那個『大愛』呢！」三姊說。

呵呵，原來不是只有我一個人這麼誤以爲。

「嗄？我沒有跟妳們說是『大隘』嗎？」大姊說。

「沒有。」我說。

「沒有嗎?啊，那我忘記說了。」

啥?忘記?大姊的記憶有問題了嗎?

不會吧?她大概是日常瑣事太多的緣故吧。無所謂，不論是「大愛」還是「大隘」，姊姊費心安排帶我來，就是因爲，愛。

大隘山莊乃一民宿，近年來台灣地區旅遊風氣日盛，經營民宿者也日漸增多，並在經營上日趨成熟，因大姊一家曾於前一年農曆年假中到此一遊一宿過，對於「大隘山莊」的地點、建築、餐點與服務，大姊不但留有不錯的印象，還別生一番情緣。她一直記掛要領著妹妹們，一起穿越往昔時光隧道，回味過去熟悉的生活事物。因此趁著二姊返台之時，大姊早早安排了這趟行程，也在規劃中安排夜宿大隘山莊，讓姊妹們在同遊之際，再一次回味兒時生活。

行前大姊不只說過一次，此山莊乃仿古建築，以紅磚砌成的兩層樓房，臥房內的佈置包含桌椅床榻都是舊式傢

四姊妹穿著旗袍，在古厝裡讓自己也古老些。

俱，臥舖更是老祖母年代的紅眠床。那時，聽大姊一說，我們其餘三人便躍躍欲試，想著擠在眠床的時光，不就是兒時記憶嗎？也可再搬回現在啊？或許潛意識裡，我們都還戀著少小時光，都是難忘小小年紀姊妹相依的時候。可我們也還沒忘記如今的年歲，爲了留個古厝仕女相輝映的影像，還特意都帶來各自的旗袍呢！

等到自己當真進了大隘山莊的大門，那股舊時風情真的濃濃裹了我一身，也印證了大姊所言不假。

我看到的大隘山莊是依著有點小小坡度的傍山建築，主體住宿區是一棟兩層樓，結合閩北、閩南及民初的紅磚、紅瓦建築，臥室裡的陳設除了紅眠床外，廚櫃及梳妝台等也都是明清等朝的古董家具。我們所愛的便是這樣一份舊日情懷，好像從前小小年紀繞在阿祖跟前，甚或偎著阿祖身旁睡著那樣。大姊預定的是四人房，房裡有兩張紅眠床，一張大些，另一張小了點，據山莊女主人所言，這是家庭房的配置，小床是預備給小孩子睡的。

紅眠床啊紅眠床，過了今夜，童年往事會否一椿椿再現眼前。

大姊看著那張小床，陷入沉思，我明白大姊必是覺得如此會委屈了其中兩個妹妹。

「或者妳們要分成兩間房，那樣床就都是大的。」山莊女主人如此建議。

「嗯……。」

幾個人沉思片刻，還沒結論，山莊女主人又親切為我們設想。

「不過分住兩間房，妳們就沒辦法在一起聊天了。」

嗄？不能在一起聊天啊？

不行的，我們姊妹就是最喜歡躺在床上窸窸窣窣說個不停的啊！

剎那間四個姊妹面面相覷了片刻，我排行最小，雖不敢自詡有孔融讓梨的精神，但我卻是記得小時候最喜歡膩著姊姊的情形，所以我自願睡小床。

「我睡小床好了。」

然後我睇了三姊一眼，唇語道：「妳也睡這床。」

三姊看了看我，當真說了，「好啦，我和她睡小床。」

這下子是按照長幼有序的規矩囉，三姊和我就這麼要睡小的紅眠床了。

因為我們真的愛極了四個姊妹聚在一處說說笑笑，所以寧願擠在一起，也不換成兩間雙人房。那夜躺下床，發現床雖是小床其實也不小，剛剛好適合我們的身長。

只要是住宿大隘山莊，它便是附了次日早餐。但因大姊早就預計我們會在晚餐前到達，所以我們另外再訂了當晚晚餐。即使是人數不多，山莊主人在調理餐點時仍是極具匠心的鋪陳，每道菜都仔細烹調並加以花色擺飾，結合養生調理與色香味的餐飲，有著懷石料理的禪意風格，我們不但吃得十分愉快，也觀賞得十分盡興。

現代社會步調快速，匆忙的人事常教人喘不過氣來，因此偶爾來到山莊民宿沉澱心靈，神遊古樸風雅，其實是有益身心的。尤其山莊主人又在莊內闢有一處冷泉湯屋，再滌靜風塵僕僕的身軀，還給自己一個清新的面貌，更是不能捨棄的。泡湯是包含在住宿之中，所以來到此地，當然得享受一下此地特有冷泉。

我們還在進行晚餐時，莊主范先生的弟弟已將湯屋整理妥貼，好讓我們隨時可去泡湯。這一夜，唯一沒有入池泡冷泉的人便是我，不是我不喜歡，實在是我那規矩大姨媽也不會稍微耍個脾氣，緩個兩天才來，她就那麼本份的在該來時候來了，害我啊，只好眼巴巴的歡送姊姊們下樓去泡湯。

趁著三個姊姊都去泡冷泉時，我憑靠小窗向外眺望，寂寂夜色裡，唯見遠處點點微弱燈光，那便是紅塵中的萬家燈火，每一盞燈下都會是一個故事，而我從山腰處向下眺望，也是另一則故事吧！

姊姊泡過湯後的夜裡，我們就著夜風在山莊二樓長廊閒話家常，說著小時怎樣怎樣，回憶童年如何如何。夜涼如水，長廊邊上昏黃如豆的燈火，映照著山莊園內朦朦朧朧的樹影，彷如舊時歲月再次回到眼前。

此時談興正好，合當有酒助興。

我這好樣的二姊早想到這步，隨身行李中真有一瓶甜味兒的酒呢！

二姊以開瓶器開了她特地帶來的加拿大冰酒，斟入僅有的一只酒杯，先遞給大姊，大姊飲過之後，再依序倒酒姊妹傳飲。

酒一入喉，話題便催了出來。

「以前妳……。」

「哪是？明明妳……。」

「誰說的？就是妳……。」

「有嗎？我怎麼不記得……。」

「……。」

「……。」

姊妹四人均不再是稚嫩童顏，但談起兒時點滴，竟也還爭得面容泛著亮光。或許是酒氣染紅了臉頰？又或許是昏黃燈光的映照？在我們心裡何嘗不知道，爭著只是好玩，只是回味兒時，其實流逝的美好歲月是不會再回到跟前了。那麼，且讓我們珍重今宵，記住這一輩子最美好的姊妹情。

就著姊姊帶來的加拿大冰酒，月下把杯對飲，影兒共我姊妹，依然是我等四人。

啊！幸好沒醉，沒數錯人數。

我向是滴酒不沾，大約是害怕酒後會失態，或者也是擔心宿醉的惱人。但與姊姊同在，她們會說我這是不懂人間情趣，淺嚐低酌，都是興味，所以開酒後便頻頻勸飲。是盛情難卻，也是遵長姊如母之命，於是我嘗試輕啜一口，加拿大冰酒微甜醇甘，引動我不曾跳動的味蕾，我喝了便喜歡上了，再喝更是不忍釋手了。

「妳看，好喝吧！」

「還說不喝，喝最多了。」

「呵呵……好喝嘛！」

我想，人說入愁腸的酒必不是此酒，這酒是甜的。

我們姊妹四人只用一只杯子斟酒傳飲，是在暮春月夜下，又在山莊花園一側的樓閣長廊，我因而聯想起李白與其從弟春夜宴桃李園之事。彷彿那文人間的美事，穿越時空跳上我們姊妹身心，我們也是序天倫之樂事，也是飛羽觴而醉月啊。

這夜，酒，是我喝得最多，乾盡瓶底最後一滴。

因爲啊！浮生若夢，爲歡能幾何呀！

大隘夜飲之後，姊妹們一宿之後將再探訪風城哪個迷人園地呢？且看下回分解囉！

第五回　內灣風情瞬間過　六號花園暫停留

話說前一夜四個姊妹眠臥古董床，可是一躺下身便入睡？

非也，我們這一家四個姊妹「情深似海」，話沒講到「心滿意足」，喔，不，是講到人「精疲力盡」，怎睡得著啊！

記憶裡搬離阿祖那兒後，四個姊妹睡的是通鋪，常是肩並肩、腿疊腿的，伸個手就會揮到另個人的。那時我才要上小一，每到睡覺時候四個姊妹躺下床，就是最高品質靜悄悄，各自閉目各懷鬼胎的睡去，哪裡會枕邊細語交換祕密。一屋子四個女生，竟是不會嘰嘰喳喳吵鬧不停，好像個個都是自閉兒。

奇怪的是，反而各自結婚離家之後，我們常會相約回去娘家，這時就彷彿要把從前少講的話都補回來一般，從進了娘家門就說個不停。而且還從客廳說到臥房，再從白天說到黑夜，通常不只聊天，還會笑鬧一番呢。父親還在世的時候看了總搖頭，母親更常搞不懂，我們怎有這麼多話題可聊、那麼多笑點可說，夜晚她還要頻頻告誡：「小聲一點，屋瓦都快被妳們掀掉了。」

呃？這不是年輕媽媽對小小娃娃的叮嚀嗎？怎是這時，老母親對中歲女兒還得這般勸阻？

母親勸說的時候，我們通常會暫停片刻，等她一轉身，我們又故態復萌，繼續未完的話題。然後笑聲咳嗽聲，聲聲入耳，一不小心唾液淚水齊出，各家孩子回頭皺著眉頭，看著各自媽媽，不解的相互詢問：「她們說些什麼？有這麼好笑嗎？」

咦？我們是在捕捉年少遺留的時光嗎？怎是這處，離了娘家的北埔大隘？

昨晚廊上對酌酣暢，夜深時分才意猶未盡地退入房裡。但是換了衣衫各自上了寢舖後，又開始一連串話題，說著說著，隔著偌大室內的兩張床，也能接續語意接續笑點。也不知到了幾點，聲浪漸漸歇止，應該是哪個姊姊入眠了，再接下來便是窗外夜色靜靜穿透窗花，躡手躡腳地鑽入內室，伴我這個會認床的小妹妹，數著姊姊們規律的鼾聲，神智清明。

什麼時候我悄悄進入夢鄉？是不是夜色輕輕撫過我的臉，吹入一絲睡意，我便跌落紅眠床了？

誰又知道了呢？總之是清晨窗花外的微微晨光，貼著窗扇把我看醒了。

那昨夜裡，我們隔著紅眠床的談笑，有沒有將大隘的紅瓦掀了呢？

「妳昨晚幾點睡？」與我同榻的三姊睜開眼第一句問話。

「我沒看手表，反正是妳們都睡著之後我才睡著。」

「昨天晚上沒講夠，一早又起來講喔？」另一床內側的二姊也出聲。

「妳最早睡，還沒睡飽喔？」大姊也出聲了。

「我是開車的司機當然要睡飽啊，不然誰載妳們去玩？」

「呵呵……廢話別說，該起床了。」

幸好我們選的是非假日出遊，前一晚山莊內除了我們四姊妹外，另有一對情侶投宿，要不然像這般笑聲、談話聲，怕會干擾到別人吧。

大隘的晨光和她的暮色、夜色大異其趣。清晨，清新如出水芙蓉，遠處仍朦朧帶著霧氣，近處則是一片光明。我們先在山莊裡四處看看，呼吸帶點甜味草香的空氣，之後享用過莊主準備的早餐，再取景拍照後，就要啓程前往今天的目的地——「六號花園」。

我家大姊近年來對一些不具盛名的野林野店最感興趣，三不五時就會「登高一呼」，然後姊妹們便一齊隨她尋幽訪勝去也。

聽說這個「六號花園」啊，是深藏在人煙罕至的新竹尖石鄉山上，大姊在其他報導中獲知這個新世外桃源，一直是心癢難耐，所以來一趟新竹，少不得把探訪「六號花

晨光下，向來風趣的二姊斂性端莊了，憑窗，她想些什麼？

園」也安排進行程，於是今天就是要取道內灣再上尖石鄉。

第一次在電話裡聽大姊說起「六號花園」的時候，心裡小小震了一下，因爲我錯聽成「六號公園」。而早些年在高雄，「六號公園」是小有名氣的呢，但那時港都的「六號公園」既不是旅店，也不是咖啡屋，她真的是一座公園。

現在若到高雄問人「六號公園」何處去？大約是會得到「沒這個地方」或「不知道」的回應。怎麼會這樣呢？「六號公園」消失了嗎？一塊地怎會憑空消失了？其實該這麼說才是，六號公園在都市新建設下變了身啦。現在的國立科學工藝博物館所在地，便是當年的六號公園園址，時代快速變遷之下，給予人們更多知性的吸收處，那麼怡情養性的天然場地，是不是得轉而向山裡尋了？

「六號公園」是因此而藏入山中，更換成「六號花園」這名號嗎？或是她本就是一則與港都毫無關係的山中美麗傳奇？

從所獲得的資訊上知道「六號花園」地處新竹尖石，對一般人來說，那是偏遠山區，必得自行開車才能到達，我們離開大隘山莊後，再出北埔，取道內灣，就要直上尖石「六號花園」了。

內灣的知名度在最近幾年，因爲政府推動懷古觀光政策，經漫畫發明家劉興欽先生，及內灣在地居民的團結一致，再被媒體報導炒作一番，整個打響了名號，也帶動了觀光旅遊人潮。

「內灣現在人潮都很多，太熱鬧了。」大姊有點感嘆。

「是啊，比較不是那麼有味道了。」二姊說。

我向窗外看到內灣老街上，是萬頭鑽動的熱鬧，彷彿台北西門町或高雄新崛江再現，這樣的繽紛活潑已取代了古樸風華。照理來說，我該要高興老鎮再一次活絡，但我又很難明白在推動觀光之下，如何取得平衡？在規劃懷舊的策略上，既能為老鎮帶來高產值的收益，又能保存原色的質樸。

這是生命中第一次來到內灣，說實在心裡有著小小的失望。因為我對於內灣的認識，其實早在很久很久以前便知道了。那時節年華正青春，有個在風城讀書的男孩告訴我內灣風情，我於是有了印象。我與他淡淡的緣起，正如內灣素樸的風景，那男孩還寄給我一張，他見證內灣美采的照片，後來我和他漸漸凝鍊的情感，恰似沉澱在內灣的風土民情，於是我慎重保存著照片，但我始終是不曾親臨內灣歌頌青春、描繪愛情。許多年後，那男孩成了我生命中最親密的伴侶，卻因人生腳步遞嬗，我跟隨他落籍港都，便被紅塵功課與俗世任務縛住了，他沒領我去見識內灣風華。內灣依然安立在屬於她的天地間，而我與他也如昔平靜的安身塵世中。

我以為將只會把內灣的美好留在記憶中，沒想到在步入中歲後，和自家姊姊們有了路過內灣的機緣。匆匆來去只是萍水之緣，在我快速巡禮之後，仍是與內灣錯身而過呀！

人世間所有的錯身都有緣由。

因爲我們想要去的六號花園在尖石鄉山上，其中有一段路程是山間小路，亦即產業道路，爲了掌握好時間，避免遲了上山，相對將延誤下山時間，因此離開大隘後不敢在內灣多做停留，所以內灣之於我，此次依舊無緣建立起如我與先生之間的情意。

不過在我們車子經過的時候，我還是瞥見到內灣一點點風采，只是與我從前所聽到的，截然不同。從公路俯瞰寬敞的河床，凝望狹長的老街，改變的不只在觀光文化而已，竟是連河底溪水也不復再見湍急水流，心底是一絲淡淡的哀傷。歲月的遞增之後，最真純的部分怎地反而失去了？究竟是什麼因素令其改變？

變，自來時空人事均是在變，然而，可不可以只向著好的那一面改變呢？

唉，凡事是不是不能太過執著呢？

也罷，就忘了這些教人心生遺憾的事，只要單純走馬看花瀏覽她一眼就好。但也許正是因只有匆匆一瞥，所以無緣發現內灣其他迷人處，這麼想著心情就寬舒多了。或許不久之後，我會再來，那時必要細細凝望內灣風貌，說不定就可以多方發現內灣內裡的美妙，讓內灣不致只是我生命裡的過客了。

來日方長，就等著吧，眼前只要六號花園就好。

「六號花園是什麼花園？怎麼那麼遠？」已經玩過一天的三姊還是沒進入狀況。

「是很美麗的花園，在尖石山上。」

「花園不就是種很多花，都市裡就有，為什麼要去山上？」

「去了妳就知道了。」

六號花園所在地是新竹縣尖石鄉新樂村拉號部落，如果不是刻意找出這個景點來訪，一般人極有可能如我三姊一樣不清楚，怎麼深山裡會有這麼一個別緻的花園？平日人煙罕至的山區，滿山遍野都是自然原生的花草樹木，花園主人發現到如此一個可以遠離塵囂的世外桃源後，很有心的運用各種材料，在這荒山谷地中建構美麗的私房小屋，並且不藏私的開放和有緣大眾分享，分享遠離塵囂後難得的靜謐美景。而我們又是何等幸運啊，有如此現成的美麗花園可休憩！

二姊開著車在蜿蜒曲折的山徑上，按著貼心豎立的路標，載著我們一步一步往夢中花園的方向去。沿途屬於山地的氣味，隨著海拔的升高越來越濃，似乎也可以嗅到一絲絲花園的花香了。

剎那間，我們彷彿是昔時緣溪行，因滿地繽紛落英而穿越狹窄處，見到美麗景色的武陵人。此刻我們既未溪中搖櫓，山徑兩側或是竹林或是樹林，均非武陵人所見的桃花樹林，但我們仍沈浸在蓊鬱山林間，任林間微風輕輕叩響車窗。我們的車倏忽即過，來不及和樹林說說話，那樹也會落寞地任樹葉自樹梢飄然落下，她可是要喚著我們多看她一眼嗎？喔，大樹啊大樹，可否等著回程時，再聽妳樹梢上的呢喃？

才在山徑上，便覺超脫繁雜塵囂，便覺得心靈清爽輕鬆，果然環境對一個人的影響是巨大的。彎彎繞繞間終於見到六號花園了，她真是在處在山間谷裡的美人呀！

「欸，這個花園不錯呢！」三姊最先發出讚嘆。

「現在妳知道山上的花園和妳們台北市的花園不一樣吧！」

「嘿嘿……」

我們其他三人先下車，比開車的二姊早一步吸足深山裡的清氛，二姊停妥車後，雙手一外張，深深吸上一大口芳香空氣，山裡取之不竭的新鮮空氣，在我們之後，還是會爲其他再上山來的人準備著。

我們順著山勢朝下走向山谷間的小木屋，步道四周都是六號花園的「花園」了。視野所及

小木屋是來此的有緣人休憩處所，提供餐點、咖啡和茶品的服務。

這一比，可有人比花嬌？

綠樹小花，各有各的美妙處，各類樹種或盤根錯結，或昂揚獨立，在在展現蓬勃的生命力；而花園裡各式各樣的花卉，則是爭艷不落人後，各自以著嬌媚的姿態，綻放她們的美麗色彩，置身這當中，再聽著小木屋前小溪潺潺流水聲，果真「**溪聲盡是廣長舌，山色無非清淨身**」？

暮春暖暖的陽光穿透樹葉縫隙，把溫柔的熱氣分一丁點到花園裡，若是抬頭要向他道聲謝謝，他卻是故意讓亮光刺癢你眼睛，說不得謝了。林間偶爾也聽見鳥兒啁啾鳴囀，可一點也不刺耳，反而清麗得也能讓人心漸漸地沈靜下來。此刻，木椅上一坐，什麼事都不做，或者真能有「**山中無甲子，寒盡不知年**」的體會也說不定呢！

在六號花園這私房仙境裡，就算只是靜聽林間風聲呢喃，就算只是定定欣賞花兒的爭奇鬥艷，就算只是和陽光玩著捉迷藏遊戲，就算只是讓鳥兒爲你演唱，你都能從那細微的美妙裡尋到感動的因子，這也就難怪會捨不下這處神秘淨土了。

我們四個姊妹果然習性相似，不約而同都愛上了出塵脫俗的六號花園，才剛到不久，就叨叨絮絮約著，他日還要再上山來「充電」。我們點了餐，在二樓窗邊愉快用午餐，清清靜靜，多好啊！如果我們所在的世界，空氣也能是這般乾淨，人們怎會面目猙獰？如果我們平日的生活空間，也能是這般雅緻寧靜，人們又怎會易於逞凶鬥狠呢？

唉！誰教「進化論」的學說植根深厚，尤其社會進化論一說，更讓人們耽溺在競爭之中比出高下的成就感。莫怪現代人，精神是時時處在緊繃狀態下，情緒也沒有緩和的出口。

我多麼希望，六號花園不只在尖石的山上，她也能在我們的市街、我們的社區裡、每一個城市、每一個角落，如此便能時時撫慰我們貧瘠的心靈，制衡一下衝得過頭的鬥志。

當然那只是我的癡人說夢，現實生活圈裡日日上演著弱肉強食的戲碼，少了競技場所，他們會說生活太閒散，會失去競爭力、戰鬥力。

真的嗎？一定要爭個你死我活，社會才有競爭力？進步，是將別人一個個踩在腳下往前行的嗎？

不想這些了，我們下到一樓，在木屋主體結構外的木椅坐下，依著木桌我們飲用主人特調花茶，在這如絲綢精緻細柔的花園裡，享受無始以來的「靜」。然後覺得這麼美麗的花草，應該要帶在身邊，於是拿著照相機取了各種景致，一一拍進相機裡，六號花園也將能時時跟隨我姊妹的身影了。

再美的景物，仍是天地所有；再不捨離去，也仍是得

姊姊啊，妳是感動到極點了嗎？怎地如此陶醉？

移動腳步，下午三、四點，我們準備要離開，離開尖石新樂村拉號部落的六號花園。

「嗄?要回去了喔?」

「來的時候不是問爲什麼到山裡看花，現在不想回去了喔?」二姊吐三姊的嘈。

「我哪知道這裡這麼漂亮。」

「啊，對了，妳公公他們不是也有塊山坡地?喜歡的話，也可以規劃像這樣的花園。」大姊隨口建議，三姊還真的用心在思索呢，「嗯，對喔……。」

將離去，二姊車子開得緩慢，讓我們在暗沉快速的山區，再回眸幾回。接著經過一片竹林後便離開了尖石，姊妹們都依依不捨回頭再看幾眼，已經留在遙遠山間的人間仙境六號花園，此後想必真是會念念不忘了。

連著兩日的自然滌淨，我們這一身沾染的紅塵，經過一番再塑後，還是得回到各自組成的家庭，再將人間功課細細複習。未來哪一日，姊妹們再想向山中去，必會再約相見，那時將會向著何處去，請看下回分解囉。

第六回　綠葉方舟緣山邊　姐妹情深添幸福

話說平靜的日子一天天過去，眾姊妹各有各的家庭工作得忙著，當精神專注在其上時，遊山玩水的事便暫時退到腦後。不過忙多了煩瑣的日常生活諸事後，個人身心必會感到疲憊，這時就必須再進行一趟清心之旅。

通常這種時候，姊妹們心靈感受都是相通，其中必有一人會提起出遊的建議，而另外三人也必定是樂意響應，並會盡心調整手邊工作，全力配合姊妹的團體活動。通常這個提議的人，若不是「德高望重」的大姊，那便是經常往返加拿大與台灣「見多識廣」的二姊了。三姊向來敬業工作，從不主動提起旅遊，而我，至多是向大姊撒嬌央討，自然就有得玩了。

尋訪過北台灣幾處「世外桃源」，才驚覺到其實台灣島內在不為人知的地方，還有著許多未經破壞，保留原汁原味的好山好水。雖然這種地方可遇不可求，雖然這類所在少得可憐，但在有心經營者的新概念之下，絕對會有越來越多的「現代桃花源」，也絕對會有更多如我們姊妹一般的趨之若鶩者。

一路走來，由台北到桃園再到新竹，幾回驚艷便是幾回喜悅。可是難道只有北部山區還能尋找到如雙奶山、如寶山水庫、如六號花園般的深閨夢裡景致嗎？

生活在這個面積約三萬六千平方公里，幾世紀以前被葡萄牙人讚譽爲「美麗的島」的土地上，真的在時代更迭後，骯髒污濁有餘，清新樸實不足了嗎？真的只能有這幾個出塵的點嗎？我不信！

是我們姊妹不擅尋訪羞於示人的處女寶地？還是這樣的地方真的不易在污染與破壞中維持？

不致到如此悲哀的境地吧？尤其國人愛山愛水愛自己生長地的觀念越來越深厚，同時對養身養生養好心靈的意識也漸漸濃烈，遂有許多人在擁有一塊山林美地之後，因爲與自然共生共利的想法，而讓美麗的山谷以她最甜最美的真面貌與世人相見。我們在新竹尖石鄉所見的六號花園，即是如此的回歸自然。

那麼在台灣中部的縣份裡，除了已經享有盛名的觀光旅遊地點外，應該也能探訪到如六號花園那般不同於俗艷的清麗風景吧！

我想，下回該會是往中台灣跑了吧？才這麼想過，事實便正也如此驗證了，這不啻又是一回姊妹靈犀互通的美妙。

有天，我向來視作第二個母親的大姊打來電話邀約，「我們去一個地方吧！」

「什麼地方？」

「綠葉方舟，我在網路上看到的，風景不錯，餐點也不錯喔。」

「綠葉方舟?」

我只聽過挪亞方舟,而且那是一艘船,不是一個地方,一個風景、餐飲都吸引人的地方。

聖經的創世記裡,詳細記載著古代曾經發生毀滅性、世界性的大洪水,除了挪亞一家八口在方舟上得以存活,其餘的人類、物種都被滅絕。後來洪水退去後,天上出現第一道彩虹,上帝應許挪亞的要求,不再以洪水讓地上的人類和動物絕跡。

挪亞的方舟,真的有嗎?在哪裡?

而挪亞一家呢?代代相傳後分散到世界各地了嗎?那中華民族也是挪亞的後代嗎?

哇!很龐雜的問題啊,我需要耗費這種腦筋嗎?

無始之始,人類從何而來,到這時已不是人們需要探究,我們應該將注意力放在將去向何處才是。有沒有一處像方舟上那樣安全的地方?有沒有一處像方舟上那樣有各種動植物?但我只願這一處如方舟的地方,沒有天災沒有人禍,沒有明爭沒有暗鬥,是一個朗朗晴天風光明媚的好所在。

「欸,要不要去?」大姊發覺我「出神」了,追著問。

「去?哪裡?」

「我剛才說的『綠葉方舟』啊!」

呃?是「方舟」唷!

嗯，不論我們是什麼族群的後裔，也不論方舟是否真有，我只知道我是大姊的妹妹，而且她要帶我去「綠葉方舟」呢，怎可不去嘛。

「去，當然要去啊！『綠葉方舟』在哪裡？」還沒成行，我已經開始雀躍了。

「在苗栗三義，我們去了，還可以順道回去看媽媽。」

對，媽媽就在中部，既然我們要去的地方也在中部，順道回去看看媽媽也是天經地義。姑且不論華人是否也爲挪亞之後，至少都是有源頭的，飲水思源，是做人的根本啊。

綠葉方舟這地點是大姊費心找出的秘密花園，整個後續的行程便由大姊安排一切。向來排行最小的我，總享盡姊姊們的善待，從兒時到如今，得到最多寵愛的便是我。待眾姊妹約定好郊遊日之後，我赫然發現選定前去綠葉方舟的日子，居然是么妹我的生日呢！心裡暗自忖度，莫非姊姊們是要用這方式爲我慶生？

哇！真是太妙了。誰說過生日一定要在室內吹蠟燭吃蛋糕？像這般到一處心靈花園，以投入自然懷抱方式，度過佛教稱爲母難日的生日，意義是大大的不同。

不過姊姊們選定的這天，若是誤打誤撞就撞上我的生日，那也是屬於姊妹間的靈犀使然吧！

不論怎麼想，我都是愉快的。

因此還沒去到綠葉方舟，我便已對這個地點有了無以名狀的好感，想來這該是一個我所喜愛的典雅幽靜所在，而我的想像也早在未去之前便一直朝這方向跑去。

爲了要去綠葉方舟，住在南台灣的大姊與我，還是依照過去出遊所採取的方式，分別從各自的城市搭車出發，再到約定地點相會。這次因爲將去的綠葉方舟地處苗栗三義，所以我們約定乘車到台中，而同在台北天母比鄰而居的二姊三姊，則駕車南下，先到大姊與我下車處接我們這兩個長姊么妹，再驅車一同前往綠葉方舟。

我們姊妹出遊都會做行前功課，比如前去地點的屬性，比如行車路線，至於其他方面則向來隨興，並不會催趕時間破壞遊興，但我們又都很有默契的事先講定各自出發時間，好各自調整到一致的時間會合。這次我和大姊所搭的客運車先後到站，到站不久，模範駕駛二姊載著三姊也隨後就到，時間銜接得恰到好處，一點也沒虛耗。

只不過對二姊和三姊而言，她們等於是馬不停蹄的奔波，才剛由中港交流道下國道，掉個頭又上了國道。但是爲了郊遊踏青，爲了讓心靈純淨半天，這又何妨，她們（其實是我們四個都是）如此風塵僕僕，還不就是爲尋幽訪勝、洗滌一身塵垢去也。

從中港交流道再上一高，在國道上行駛時間並不長，很快就下了三義交流道。苗栗縣境多山，才進三義，擦過西湖渡假村，山城的氣息果然就濃郁許多，放眼窗外飛奔而過的是田野林木，滿眼綠意大大提振了精神。

「啊，油桐還沒開花呢！」我嘆息。

「還不到時候啊！」大姊說。

「來早了。」

「油桐花季開始的時候再來啊！」

我們來時方才三月中，苗栗山區滿山的油桐樹，還沒開始要小露花苞身影呢。

這幾年因爲宣傳、因爲創意，油桐小白花躍然成五月雪，自高高樹梢飄然而下，便鋪排成一色無瑕的白，轉個身就成了人們口中輕輕柔柔、詩情畫意的五月雪了。

雪，真會舞在五月？我可是來早了？

不是台灣天氣熱得早，花也開得早？這兩年更有些花亂了花序，錯亂開在不該開花的冬季。那，此際，油桐怎不爲遊人早發花？

我居住南台灣水泥叢林裡，爲換脫一身塵埃而到山裡來，但不巧還是早了時候，此時至多只能在油桐樹下，遙想五月裡將在風中揚起的「五月雪」！

其實就算是無緣見到細柔無瑕的油桐花芳蹤，但三月裡奼紫嫣紅滿山花信，就夠讓遊人細細探問。至於趕得太早而未能賞到的油桐花，則在空閒時再藉助圖片，想像油桐花似雪般飄落，感染那類似「拂了一身還滿」的豪華美麗吧！

五月哪裡會下雪？

分明只是在晚春的暖風渲染下，油桐恣意展露花姿，將整座山覆蓋成無垠的雪白花海，才有那類似白雪紛飛的迷人景致。我只要想到這兒，即便是少了圖像，也能在意象裡深深迷戀著浪漫的「五月雪」。

台灣中部海拔不高的山丘，能有花落如雪的景致，是上天美麗的賦與；滿山遍野的油桐林也能如雪白頭，這真是大自然眷顧寶島子民，讓絕色的「桐花白雪」在風中向人們招手，製造一場以假亂真的暮春的雪！

去年想著今年到中部趕「雪」要趁早，就是擔心錯過油桐花季，但過猶不及，趕得太早，油桐枝椏上皚皚白雪似的花，此刻還杳無蹤影呢！那想要讓自己真實感受拂了一身還滿的奢華，怕是真要再等囉！

沒有就是沒有，無法強求。

轉而欣賞小鎮的建築、街景，這也是可以尋到另一種慰藉。

二姊依著大姊的指導，右彎、前進、左轉、再走等等指示後，終於也到達一處看似未經開闢的山林，再到深處儼然是座藏身山林的秘密花園，這便是「綠葉方舟」的所在地。

「綠葉方舟」入口處豎立一面大看板，上頭書寫著「入園需知」，無非是提醒到此一遊的人士該注意的事項。「入園需知」上的留意事項，在我看來，會遵守、能遵守、想遵守的，自是那些原來就會自我約束的人，不想、不願、不能遵守的人，大約也是本性就「目空一切」，視法令規章為無物，以為世間每一處皆可任其來去，不需考慮他人權益及想法。方舟內若來了這類遊客，必然是讓園方大感頭痛，而遊客本身可能也不見得能適應這種「原始」之地，最好一回之後不會再來蹂躪好花好草好風景。遇上這樣的情形，便是自然淘汰，讓有緣的、惜緣的人士好好遊園。

二姊停妥車再當攝影師，爲立於看板前的我等三個姊妹，拍下類似「到此一遊」的照片一幀，而後我們將要把自己交給「綠葉方舟」半天了。

聽說「綠葉方舟」的地主取得這塊水稻梯田的山谷後，堅持不開發、不破壞、不灑農藥，以自然生態工法廣植樹木，讓土地得以自然休養生息，讓昆蟲與鳥類都有一個適合棲息的環境。這座美麗的森林，便是園主用雙手和耐心塑成的心靈淨土。爲了維持這塊淨土的永續經營，園區有它的遊客總量管制方法，讓人們與自然可以和平共處、彼此快樂。

購買入園門票後，我們悠閒踱著步伐進入綠葉方舟的園區，爲了保持自然原色，讓人爲破壞降到最低程度，園

在入園需知前拍此照片，等同我姊妹捺指印要遵守。

方只開放遊客步行（也可騎腳踏車）入園，會排放廢氣的車輛一律只能停在入口外的停車場。

其實這樣的考量，對久居塵囂的都市居民而言，也是有益處的，趁著來到綠葉方舟的時機，藉著行走活動筋骨，並且可吸取對身體極有益處的氛多精。一大片林地，園主並不特意開墾多做設備，或以譁眾取寵的設施吸引遊客，而是保留山林原來風貌。樹，任由她生長；花，任由她綻放；蟲，任由她爬行；鳥，任由她飛翔；路，就是人走出來的通道，也是讓遊客徜徉的小徑。

走過大草坪、山櫻花步道、五葉松林和小湖畔的楓樹林，才能尋到藏在一片綠色深處的「綠葉方舟——森林饗宴」的主體建築。繁華多彩的社會，難得一見這樣回歸自然的處所，我等四個姊妹皆是驚艷得無以名狀。更教人欣喜的是，這幢立於小徑深處的典雅建築，正是綠葉方舟用餐品茗的處所，當下決定午餐便要在這片山林裡享用了。

我們四處逛逛、隨意走走，看園裡的各式花色、各類

趁著還沒用餐，先把主體建築拍下來。

林木，開得艷紅的山櫻在鏡頭前與我姊妹爭艷，盎然綠意的大樹則為我四姊妹遮蔭。直到過午時分我們才走進方舟用餐區，可別以為方舟地處山林郊野，必定是少人光顧。如果你是這麼想的，那就大錯特錯了。現代的人對於心靈的淨化，無比重視，而對於養生的飲食，也是十分渴求。我們進了室內，環顧一圈幾乎是座無虛席，不僅底層是如此，甚至上了二樓，也是高朋滿座，最後還稍等片刻，才等得一處四人座位，正巧容納我姊妹四個。

在方舟裡用餐，沒有都市的喧囂擾攘，有的是唧唧蟲鳴的山林綠樹陪伴，享受美食的同時，又多了一份安詳自在與專注。我們點了森林德國烤豬腳、鵝肝醬菲力牛排、迷迭香蜜汁春雞和義式蕃茄涼拌素麵，四人面前各是不同餐點，但我們的刀叉卻又是來回在不同盤子裡選取食物，這是我等姊妹一慣作法，除開二姊常年茹素外，我們還是像幼年那般分享彼此所有的食物，濃郁的情份便是從這些生活小處慢慢堆疊而出的。我們也不在意旁人如何看待，

我們愉快的要走入山徑深處呢！

這是我一家四個姊妹獨有的癖好，大概也少有姊妹如我們四人，從少小到如今中歲之後，依然親密友愛。

慢慢享用過森林餐飲，再稍事歇息之後，就得結束今天的探訪方舟之旅。幾人陸續上車後，均是滿臉愉悅滿足神情，可以想見一趟綠的心靈饗宴，能夠補充多少生命能量啊。對我而言，我享受的是豐盛的生日宴，食用了美味至極的手足蛋糕，雖然虛擬無形，但於我心卻是滿到溢出的愛。

二姊風趣說笑的駕著車向娘家而去，母親見我們四人聯袂出現，喜出望外的神情完全流露在臉上。

「呃？妳們四個是說好一起回來喔？」

「對啦，我們說好一起回來的。」

「那妳們約在車站見面？」

「約在統聯的中港站啦。」

「幾點到？」

「……。」

平時我們各自安排自己的時間回台中看看母親，這回因爲出遊一起回來，看來母親見到我們四人的喜悅，是更甚於平時百倍，那可要三不五時就讓她來個驚喜吧。

晚上姊妹又得分手回到各自城市，二姊先將我與大姊送至客運站，然後她和三姊再同車回到她們比鄰的家。她們三人都比路途最遠的我早到家，但她們又都會手機頻頻相問，車到何處了？有沒有塞車？排行老么的我總是得到最多關照，就連這種小事也是一樣。

這回碰巧在我生日這天去探訪綠葉方舟，心裡別有一番感動，回家後還是念念不忘。當然也還有一種心情是，等著姊姊再相約郊遊去。至於下回姊妹們將再遊向何處，詳情有待下回細說分明囉。

第七回　集集車站小見證　古坑台灣咖啡香

話說集集這個地名，小時候經常聽到父母談起，不知道是早年父親經常前去，還是母親有哪個朋友住在當地？又或者單純只是母親公司的旅遊之後，就在她心中留下美好印象？

我對集集這一個疊字地名，一直是在聽聞中不陌生，但卻不曾真正親臨這個小鎮。成長的歲月中，有大半時間置放在知識的累增，旅遊是奢侈的夢想。再後來因爲不活潑的個性已然養成，生活中沒有刻意的安排，或有人極力邀約，我是不容易讓自己向外奔跑的，因此之故，集集從來都只是我耳聞的有名小鎮。

這麼美好的小鎮，卻因天地不仁而遭致大毀壞。

民國八十八年九月二十一日午夜一點四十七分，台灣地區發生世紀大地震，震央就在南投縣集集鎮，也因此該地震被命名爲「集集大地震」。因爲地殼突如其來的變動，山川位移崩坍，人命瞬間脆弱如紙，經由電視新聞的報導，南投災區人們的身家財產，以及鐵公路及公共建設都遭到地震無情的摧毀，其嚴重情形只能以慘不忍睹來形容。

那一段救災重建的日子，非災區的人們，除了感恩身家性命的完整，也本著人飢己飢、人溺己溺的精神，出錢出力，爲災區苦難的同胞略盡棉薄心力。而那已在鐵路支線奔馳七十餘年的集集線小火車，車軌和著名的集集車站，也都因為這個百年地震而震得蹋斜，之後經過重建整修，才終於又讓集集車站恢復從前風采。

這回大姊閨中密友珠蓉姊南返，正巧二姊也南下到大姊家作客，大姊一時興起，邀了住在鄰市的我，因為臨時邀約，三姊不及安排工作再向所屬單位請假，所以四姊妹中獨缺她一員。

我是前一晚就到鄰縣的大姊家過夜，第二天由二姊開著大姊家的車取道國道三號，下名間交流道，再轉台十六線，直奔集集小鎮。

路途上千轉百迴，想八十八年可怖的地震，想那未曾穿越而過的綠色隧道，想在地震中傾倒的集集火車站，想災區這些用心用力再站起來的同胞，想自己幸運的無災無難，想自己過去的閉塞，錯過許多生活體驗。

「我沒來過集集呢！」趁著姊姊的談話空隙，我說了一句。

「什麼?妳沒來過?」

她三人詫異程度，彷彿我是外星球來的人種，也不過是沒去過集集嘛!再說，是她們從前都沒帶我來嘛!欸?這樣說好像把責任都推給別人喔，做人不能這樣的，明明也是自己不懂得安排生活。

「她以前小嘛，後來就都是讀書，再後來我們都嫁人了……。」二姊自顧自的喃喃說著。

喔，二姊真好，她把我沒來過集集的責任扛去了一些，可是這真的不是她的問題，是我自己的。

「嫁人了，就叫她家的尪帶她來啊！」大姊如是說。

呃？現在不就來了嗎？我幹嘛還無聊的提這些呢？得趕緊把這話題結束。

「我們現在不是來了嗎？」

「也對。」

震災之前我從不曾到過集集，人們口耳相傳的綠色隧道與歷史悠久的車站我無緣目睹，及至這時和姊姊們到此一遊，車輛奔馳在台十六線時，便經過了遠近馳名的集集綠色隧道。長達四點五公里的樟樹，已經在道路兩旁站立超過一甲子的歲月，那茂密枝葉夾道成蔭，形成一條詩情畫意的綠色隧道，車子在其中行進，便也是一首詩了。而這段綿長的綠色隧道旁便是觀光鐵道，公路傍著鐵道正是相映成趣啊。

此刻我來，集集車站已從傾圮中再次站立起來，我親身領受的集集風華，已經涵蘊了許許多多幸與不幸、美與不美的歷史。

如此，是不是我錯過了什麼？還是我多見證了什麼？

或許只能以來不及參與集集車站的過去自我安慰一番吧！

那麼，只讓我見到重生的集集，該是只要讓我記住這時的美，是浴血之後無以倫比的恆久美麗吧！

不要說我們調皮喔，人家只是想在鐵道上玩一下嘛！

「來啊，來鐵道上拍張照片吧！」大姊擺了個POSE還大力邀我。

「會不會有火車來？」

「不會啦，這是觀光鐵道。」

因爲大姊這一說，我於是放膽在鐵道上搔首弄姿，或是踩踏鐵軌，或是在枕木上跳躍，無一不是要將過去不曾玩味過的集集鐵道趣味一一抓住。然而等到我離開此地時，鐵道依然會在她所在地點，而我是什麼也無法帶走。唯其如此，我還是想留下一些可供日後回憶的素材，那麼就拍些照片吧。

傳說中的集集支線鐵道果然美麗，我們童心未泯的在軌道上嬉笑拍照，鐵道旁是可愛的小舖街，販售各式各樣的特產或手工藝。雖然震災已過數年，但災區民眾的生活仍需國人共同支

特別規劃的販售小舖別具特色，遊客從這端到彼端一家家逛過。

持照顧，最好的方式便是到南投各地，郊遊踏青之餘，消費更是最直接支撐此地民眾回復災前生活的方法。

我們便是以這樣的心情，在觀光鐵道附近一家花園餐館吃午餐，在花架下吹著自然涼風，邊欣賞滿園各式各樣花卉，邊享用店家煮出的麵食。在我們飽食的同時，也衷心期盼走過地震傷痛的同胞，生活能夠飽足，儘快回復昔日的快樂心情。

之後，我們去到集集火車站，車站建築裡展示著地震資料與照片，即使是間隔幾年後的現在，看著那一幀幀見證災情的照片，仍是教人怵目驚心。

「妳看，那時真可怕。」

「震央就在集集，所以南投最嚴重了。」

「想起來還是很可怕……。」

「我不想看了，我先出去喔。」

我不喜歡這些會讓人陷入傷痛悲哀的憑證，所以快速走過參觀路線，出到車站外頭。室外晴朗的天空，藍天之

雖在室外，但在隱密花叢與花架下用餐，彷如古人後花園裡的餐敘呢！

下朵朵白雲，該是會為我們覆蓋安全平靜吧！微微的風拂過我的脖頸，我的心脈因此舒緩沉穩下來。

來到此地，不看那些引人難過的記錄照片，但還是該留下到此一遊的記錄，於是我們在鐵軌上、車站外一一拍了照，我只要記住這樣靈巧素樸的集集車站。

車站邊有些販售特產的攤位，在地居民利用南投盛產的梅子，製作了各種不同口味的產品，有脆梅、Q梅、咖啡梅等。

「試呷看覓啦！口味不同款，好呷喔。」

「……。」

「不錯吃喔！」

「嗯……」

「買一些啦！」

「……。」

我們在店家老闆娘鼓舞下試了各種不同口味，吃了再吃，才決定購買醃漬的脆梅，僅僅只是每人幾瓶的購買，

相較於現代化設備完善的其他大車站，集集車站則是沉澱了昔日歲月的滄桑。

其實對該販售商家並沒能有多少實質的助益。但我們卻也知道心在此地，便會再來，再來便再有機會盡點心力，陪伴，是應該長遠走下去的。

午後三點我們離開集集火車站，再穿越一趟綠色隧道，讓車窗外的風聲爲我們記著信息，再過一段時日，我們將會再來。

和來時一樣，仍然走著國道三號，從名間交流道上國道後，因是高速行駛，很快就駛向雲林縣的古坑鄉了。

其實古坑原不在今日計劃裡，只因珠蓉姊難得南返，大姊以著好景點和好朋友分享的心情，在回程途中臨時起意，要二姊將車開往古坑，我們將去華山上享用近年來頗負佳評的「台灣咖啡」。

「華山這幾年栽種的台灣咖啡也不輸給進口的咖啡，珠蓉，妳一定要來看看。」

「華山？在哪裡？」

「雲林古坑，我每次去都是去一家『歐堤萌』，她的咖啡梅真好吃。」

「就是妳讓我吃過的那咖啡梅喔？」

「是啊，每次上來『歐堤萌』都會買個十來罐回去和朋友分享。」

我聽著大姊和珠蓉姊的對話，心裡回味著我最初品嚐咖啡梅的經驗，那也是大姊一遊華山後帶回的「伴手」。咖啡梅是以咖啡去醃漬梅子，嚐起來有咖啡的濃郁香醇，又能不失去梅子原來的味道，我們一家四口都愛極了咖啡梅，如果沒限量吃它，常是一罐開封不久就空空如也。

以往只知道吃咖啡梅，聽大姊說「歐堤萌」如何如何，壓根沒把「華山」兩字聽進耳，這時聽來，倒有疑惑。

華山？不是比武論劍的所在嗎？

不，這不是武俠小說裡出現的地點，更不是在海峽對岸，而是本島的雲林古坑鄉，這幾年論的是咖啡香氣呢！

近年來咖啡館已不只是搭配都會生活，她也可能有獨一無二的美麗山景，吸引著人們爲了一睹她讓人驚豔的風采，不辭辛勞千里奔波。現代新興的咖啡文化，便是如此的遠離塵囂，彷彿要將來客一個個變身成不食人間煙火的超凡仙子。

華山上種著咖啡，新的經營哲學便是就地經營個性化、有獨特風格品味的咖啡館。遊客來到華山，除了飲用店家主人特調咖啡外，坐在室外享受庭園風光，還可以遠

大石上盈盈含笑，不是訕笑來人功夫不佳，實在是心虛於自己不會一招半式。

眺山景，當霧氣瀰漫四周時，還小有武林朦朧不明之感。或許有朝一日，咖啡香氣追逐夠了之後，也會開始論起劍術與功夫呢！

大姊說她每回來到華山的歐堤萌咖啡館，都是選在庭園最外圍的桌次，恰恰傍著山坡，視野最佳心情必也最好，用餐喝茶或品嚐咖啡，其實或多或少有點「醉翁之意不在酒」，欣賞風景比吃喝重要多了。

這日我們從集集繞道而來，因是已過下午四時，山風徐徐飄帶涼意，覺得該飲個熱飲了，因此特別留意大姊說的「歐堤萌」，這也才看到沿途經營民宿或庭園咖啡的也不在少數。

「喔，不少庭園咖啡呢！」珠蓉姊與我一樣有相同感覺。

「是啊，這兩年興起得快，一家經營得不錯，就會有一股熱潮了。」

「這樣是消費者有多一點的選擇，可是整個山頭都是庭園咖啡，好像風景就差了。」

「確實是這樣，所以我每回來，一定要去到上面一點，這樣視野才好。」

大姊之於古坑彷如廚娘下廚般的勤奮，所以一家家咖啡屋與民宿在華山上較勁的情形，她是全部看在眼裡。

華人的世界便是如此，哪裡有熱鬧哪裡去，哪種行業正時興，便一窩蜂的搶著搭順風車，但願山頂庭園咖啡的熱勁不會因時因事而消退。應該也不致會退了這股熱潮吧？現代人回歸自然，尋求心靈的沉澱，向山裡尋是最適切不過的了。

「哇，真舒服。」

這是下了車我說的第一句話，那是因爲「歐堤萌」的庭園真是寬敞，放眼望去景色怡人，再加上習習涼風，更是舒爽。

「風很涼喔？」

「嗯。」我大大吸了一口山上的空氣。

「風景也不錯吧？」大姊問我。

這時正巧也趕上太陽滾著火輪子要回家，西天染得一片金黃，耀眼奪目，我不禁看傻了。

「……。」

「喂，喂，妳喝什麼？」二姊催著問。

「嗄？拿鐵好了。」

「熱的？冰的？」

「我要熱的。」

這樣的美景，來一杯熱氣蒸騰的咖啡便是最好的搭配。

我依然鍾愛拿鐵，焦糖拿鐵或榛果拿鐵都是不錯的，姊姊們也各點了不同口味的咖啡，我若想嘗試不同風味的咖啡，再自動取用姊姊面前的咖啡便是了。

「前面那個山頭種的都是咖啡。」

「……。」

大姊與珠蓉姊對著話，二姊四處走動，東看看西望望，而我經由山下開闢的蜿蜒曲折山徑，欣賞著眼底山坡的林木，那些樹是否都是咖啡樹，我這外行的人並不明瞭，而我也不打算深究，因爲風景之於我純然是風景，我只要欣賞便能心滿意足，何況上得山來還能有一杯熱拿鐵可享用，便更是陶然了。

彩霞一點一點褪去亮度後，灰黑的幕帳隨之一吋一吋往下撒落，薄暮裡遠處點點燈火逐一亮起，那屋裡該是要燃起炊煙了吧？也是我們該動身回家的時候了。

就算是華山上初夏一場下午茶宴，曲終也將人散，我突然想起李白一首五言詩「**青山橫北郭，白水遶東城，此地一為別，孤篷萬里征。浮雲遊子意，落日故人情，揮手自茲去，蕭蕭班馬鳴。**」

回到大姊家，我將馬不停蹄的再回到我所居的城市，與珠蓉姊也將就此分別，來日何時再見。此時華山上所見天頂的浮雲、西天的落日，都見證深切的故人之意了。

也許今日華山午後咖啡相敘後，不久姊姊將再邀我野遊，便會再見到珠蓉姊也說不定。究竟真相是如何，得要下回分解了。

第八回　後山美景理想地　橫貫公路奪天工

話說台灣地理環境因爲中央山脈的阻隔，將東西部切成兩塊彷彿「涇渭分明」的國度。西部地區因爲地勢平坦，利於發展，自荷西時期、清領時期、再到日治時代、國民黨主政時期，甚至現今執政當局，都傾注相當的經費在各項發展上，因此西部地區的繁榮興盛是無庸置疑的。這麼說，並不是說東部地區也需要如西部這般，大肆建設、飽和開發，倒是政府當局可以挹注經費，對東部的教育、文化、物產等強化耕耘，使東部地區以其獨有特色傲立於太平洋岸。然而我僅一介小民，所持看法難登大雅之堂啊！

姑且不論這些惱人的政經之事，只要管好個人生活便是了！

我對花蓮的印象總是好，而這好的感覺又說不出個所以然。好像和一個君子的交往，淡淡如水的感情，淡到接近透明的亮白，教人心裡舒服。這樣也好，情感太過濃郁，可能揹負沉重壓力，也可能因想逃避而厭倦了。我這種非盲目、非傾心似的欣賞，大部份也是因爲花蓮的素雅。淡，便有足夠耐人尋味的空間，倘若修飾過多，就會將它純樸的本質掩蓋掉，當然也就會失去很多人對它的戀戀不捨。

我在西部平原，花蓮之於我，是在遙遠的山那邊。就因爲橫亙著一座中央山脈，由西向東去，感覺裡就是千里迢迢，尋常時候較少規劃東向的旅遊。然而饒是如此，姊姊一開口邀約，我便興奮著要翻山越嶺，尋訪後山寧靜的桃花源了。

美好的記憶，一回便足以終生回味。而我幸運非常，截至目前爲止，在我生命裡有過三次花蓮行的曲調。每一次各是和不一樣的伙伴，懷抱不同的心境，在相異的季節，臨了無塵無垢的淨土。

即便是首度拜訪花蓮的記憶，已是遙遠的二十幾個四季更迭之前，但鑲嵌在記憶中的影像，彷彿是水墨畫經水暈開，縹縹緲緲詩情畫意，便一直都在了。到如今我的腦海中仍存留那一幅山水畫作，雖然因爲時光的流逝，各處景致已完全混合一處，再也分不清山在哪兒，水在何處了。然而，心眼裡明明白白是走過，即使是我並未沿著立霧溪置放可供尋訪的憑記，我依然不會失憶成空白，我依然戀著淨土的花蓮。

那次是母親服務的公司年度旅遊，半島一周的行程，特別安排了從基隆搭乘花蓮輪（當時花蓮輪尚未停駛），由海路登上花蓮。這種迴異於平常公路或鐵路的旅遊方式，真會讓人雀躍不已，單是想著立在甲板上，任陣陣海風揚亂一頭秀髮，就已落入遐思的浪漫裡了。然而，太平洋果真是世界第一大洋，風狂浪大，將我未曾探頭的縹緲幽思，全打散在難忍的暈眩中。於是幾個小時的航程，便無力再立於甲板上臨眺浩瀚無邊的海洋，反是昏昏然在船艙中輾轉反側。海上風光，於我成了船艙的天花板而已。

怎麼顫巍巍的離船上岸，自己是不願記憶般的故做遺忘，依稀記得下了船仍有暈船效應，所以只有茫然的隨母親而行。那樣的初次造訪，在暈眩頭昏之際，無心無力將花蓮仔仔細細品評記憶，留待日後再從記憶影碟中取出回顧一番，因此錯過向晚的臨眺。那時，我方年少，粗心的疏漏此事，以為母親的相機便能留住花蓮的一花一樹高山流水，殊不知它納不了有情世界的美采，它也抓不住我要的淡雅。

遊山玩水固是行程要項，藉拍照留念更是記錄旅程的方式之一，可我卻是獨愛，以心閱讀山巒溪澗，和自然談一場小小戀愛的感覺。不論軟片的感光度是四百或兩百，不論品牌是科達或富士，都只能洗出單一景物的相片，詮釋每一個個別的心情。而我心間烙印的，卻不必在意感光度，也不需擔心經年累月之後的泛黃，它更是以連續鏡頭呈現出來，我所專屬的記錄。

天祥的美便是如此收藏在心間，歲歲年年。

那年是初冬的旅行，到得天祥已見梅花枝頭綻放。天氣尚未冷到飄雪，所以沒有機會體會「**梅須遜雪三分白，雪卻輸梅一段香**」的情境。那梅，是初初綻放，所以連要感受一下「**拂了一身還滿**」也不可得。但那記憶，卻無論如何，都還勝過梅雪一籌，永銘心底。

年輕的生命，平時不會特意向後山去，總要在特定的旅程裡，才會再在興奮下與之重逢。幾年後，我留在母校母系任助教職，正巧大四學妹們的畢業旅行邀我同行，我於是幸運成了花蓮二度過客。這一回在鶯飛草長春暖花開時，兩校合辦的畢業旅行，則由中部出發，繞過北海岸，接上蘇花公路，一路穿越花東縱谷，向南經墾丁，再北返回到出發地。

因是走著公路，於是見識到一側依山一側傍水的磅礡風光。有名的清水斷崖，是從山腰鑿出的空中長廊，約二十二公里左右的路程，曲折蜿蜒，自是一番特殊景觀，俯視為千頃駭浪，仰望則見萬丈岩壁，遊覽車行進時總得步步為營，疏忽不得。這份珍藏記憶，也鐫刻了二十年，但它並未泛黃褪色，仍舊是心裡一頁恆久的青春日記。

那晚，夜宿花蓮市的旅店。夜晚在市區來來去去雜雜沓沓，只想尋找不一樣的氣味，屬於後山與世無爭的安適。我等又非武陵人，也不曾緣溪行，更未見桃花落英繽紛，竟然就想找出桃花源。殊不知，不識廬山真面目，只緣身在此山中。我們已臨了美好的城市，卻憨傻的以為必要見良田數畝、儼然房舍才是，真是癡愚啊癡愚！

過客式的遊蹤總也匆匆，還不曾細細看山戲水，就又把屬於花蓮的美還諸天地，揮揮手，真沒帶走一片雲彩。

當年一別，再入淨土懷抱竟是二十年後了。

當大姊突然想往東部去，分別打了電話給各家妹妹，於是便積極計劃來一趟花蓮遊了。這時正巧旅居加拿大的二姊在國內，便形成了台灣南北，島內海外，四人小團體一起探訪台灣最後一片淨土的花蓮。

我何其有幸，三度光臨花蓮，各是以不一樣的交通工具，行走於風光各異的路途，讓我有了多樣的體會。

第三次的路徑有別於前兩次，此時花蓮輪早已停駛多年，所以海路根本無從考慮起，公路的路線各家姊妹都有過經驗，於是選定的便是優雅的鐵路之旅了。

許是因爲已經中歲，看事較是莊重，所以不願錯過沿途的風光。火車在鐵軌上奔馳，山光水色在兩旁快速更換，讓人目不暇給，我們也忙於左右瀏覽，瀏覽山的蒼翠，海的遼闊，感受爲人該要胸襟寬大，行事該要踏實穩重。

這天是早上七點多由台北出發，到達花蓮也還是上午，十時多的花蓮不同於西部城市的嘈雜喧嘩，反是以寧靜安詳迎接我們，教人自然的心平氣和，好悠閒的展開花蓮之旅。

行前我們已訂妥理想大地的套裝行程，所以飯店方面也派車至車站接待，這才發現與我們姊妹有同樣興致的遊人還不少，派來接送的車輛是一部大型遊覽車呢，可見後山風光有多吸引人。

還未到達理想大地之前，僅僅只有從網路上得知的訊息及圖像，雖然那已夠讓人著迷，但總還是隔了一層，及至到了這一塊據說比摩納哥大一點五倍的渡假村，才發現濃濃的西班牙風格若非親身體驗，大約是不容易自文字畫面感受到的。占地二百五十公頃的基地，目前開發了十五公頃，但對我們這些都市佬來說，已是廣漠的了。

「喔，好大喔，都是歐洲格調呢！」三姊彷如劉姥姥進大觀園，眼睛睜得斗大的四處張望。

「真的呢，看起來比網路上的圖片美多了。」

「他們的房間設計都不一樣，我們住哪一種？」

「大姊要我訂樓中樓那一款，我們四個人住正好。」

我回答。

這次花蓮遊雖是大姊提議，但包括訂房和選定的半日遊行程，大姊提供意見後授權我規劃處理，爲了姊妹們旅遊的舒適，寬敞附帶一個小客廳的樓中樓房型是最理想的安排，也就不做他想的訂下。

住宿的飯店貼心安排有半日遊，在幾條路線中我屬意橫貫公路半日遊，向大姊回報後就選定這項，而且我還思考了兩天的作息，因此向飯店勾選 CHECK IN 當天下午進行半日遊，這樣第二天上午就可以好好遊賞渡假村的各景，也免得來去匆忙。

所以 CHECK IN 之後，我們搭乘飯店裡的小型車至客房，放置好行李，粗略看過房間設備，就趕快到飯店櫃台

歐洲美麗的景致，彷彿搬到花蓮了。

集合處，準備遊橫貫公路去了。飯店方面安排了一部十幾人座的小型遊覽車，司機兼導遊，載著一車滿滿的飯店住宿旅客，一邊行駛一邊進行導覽，我們就這樣進行了一趟簡易的花蓮巡禮。

從飯店出發後，司機先生邊開車邊盡職的做介紹，走過南濱公園，園內綠草如茵，遠望即能有愉悅心情。車子一路奔馳，很快就要從東西橫貫公路的牌樓下穿過，司機先生忒是貼心，讓遊客下車拍照留念，之後，才真正進入東西橫貫公路。

「很漂亮呢！」三姊讚嘆著。

「妳沒來過？」

「沒有，妳就有來過？」

「連這次算在內，總共來了三次。一次是媽媽退休前她們公司來旅遊，第二次是和學妹們來畢旅，這是第三次……。」

「厚，媽就只帶妳來花蓮。」

站在東西橫貫公路的牌樓前，感覺自己的渺小。

「那時候，妳們都結婚了啊！」

「呃……。」

這一趟路程其實都曾走過，但不同年齡不同季節不同旅伴，各有不同情趣。長春祠、燕子口、九曲洞和慈母橋，各有其令人嘆爲觀止的景象，也有其讓人難忘的故事，不論遠觀近看，臨流憑弔或身歷其中，在在都有深深體會。

大自然以著最是無私不虛假的現象告誡人們，所以我們是不是也該以戒慎恐懼的心情看待這一切。

人說花蓮是台灣最後一片淨土，倒不是單純因爲莊嚴肅穆的慈濟精舍在此地，而是它未遭受過度的人爲破壞，還保留了天然渾成的質樸。素淨無華的景致，正是它最值得驕傲處，那麼，我們何忍破壞它。

卻也有人說，花蓮遠在後山，發展不夠，所以不能繁榮，所以人口不多。但設若將花蓮開發成如台北如高雄這樣的都會城市，真會是花蓮子民的福氣嗎？繁華，真能成就一切嗎？

花蓮有優勢的好山好水，有樸質的風土民情，無煙囪、無污染，一樣可以有亮麗的神采。很多西部居民厭倦了匆忙緊張的生活時，總愛向後山來，徜徉在花蓮的天空下，飲甘露般的水，吸清芬的空氣。啊！多美的新世外桃源！請不要破壞這一切難得保存的資產。

第一天遊罷半段中橫後眾姊妹睡個好眠，第二天用過早餐便開始遊園了，我們先搭乘電動遊艇環繞整個渡假飯店，邊聽著解說員說明花東縱谷地理，以及渡假飯店特色，並欣賞全長二點二公里的河道兩側美麗動人的山水景致，沿途經過七座碼頭，十六座蘊涵異國風情的橋樑，抬眼是美麗的山脈雲彩，俯瞰則是水面的婆娑倒影，十幾分鐘的運河航行，多少也見識了巧奪天工之美。

之後我們看花，興致來時學著雕像擺弄姿態，無趣之後，轉而去賞鳥。一群鴿子在眼前飛起落下，引動和牠們玩耍的興味，於是飼料販賣點買了飼料餵將起來，鴿子們也聰敏活潑，就這麼撲翅上上下下的和我們玩在一起了。

花蓮風光再美，渡假村的設施再好，住房裡的感覺再舒適，時光仍是不停留的往前行進，享用過午餐後，CHECK OUT之後，飯店將再派車送我們至花蓮火車站。搭上回程的自強號列車，很快又會回到繁華熱鬧的台北，花蓮，淨土，便再放入珍藏的記憶裡。

但還是難忘啊，所以姊妹們相約，該要四季都來戀它

剛下了船，我是遊過哪條河？塞納河嗎？

一番，看山的變裝，看海的妖嬈。所以，我記著，下回拜訪花蓮時，要早早下帖與她相約。不過，遊罷花蓮，下一站又將會在何處歇腳，且待下回分解囉。

瞧，我學得像不像？

來啊，來啊，我手上有好吃的唷！

第九回　九份發思古幽情　金瓜石雨中美景

話說台北這麼一個高度現代化，且摩登時髦的城市，是能吸引人向著她的懷抱去，但也很快地就會倦怠，這時該如何快速找回生命的熱勁，那麼走一回台北近郊的九份，你看如何？

九份這一個在停止採礦之後，就被人們遺忘的山城，孤單的懸立在面海的山邊，很多人不知道九份曾因興盛的採礦時期而風光一時。九份曾經是風情萬種、妖嬈嬌媚的小鎮，繁華熱鬧的街景，每日上演各式人生戲碼，這一切榮景卻都因爲開採金礦的停歇而繁華落盡，只剩下蕭條冷清。如果不是因爲電影的拍攝，這個充滿許多故事的沒落小鎮，可能就被世人沉沉的遺忘了。也幸好有那部記載著時代變遷的影片，將九份過往一切原音原形重現，九份因此才又一次活在人們心中，從此許多人爭相去到九份，走進九份恆等於進行一趟懷舊之旅。

因爲二姊的回國，姊妹台北相聚，聚會敘舊不限定用餐咖啡或飲茶，即便是有這些興致，也可尋一處更能將我等姊妹心緒帶回從前的地方。這回也不知是誰提議，總之一說出「九份」，四個姊妹無異議全數贊成，而且立即整裝待發。

「從哪裡去九份？」三姊問。

「妳就別管從哪裡去，反正我會把妳們都送到就是了。」二姊說。

「不是啦，我的意思是知道路線，下次自己要來也才知道怎麼走。」

「妳要自己來？」我和大姊同時詫異問著。

「嘿嘿……我是說以後小孩子都會開車的時候，我們就能自己想來就來啊！」

「喔——」

是啊！有朝一日我們的下一代成長了，他們會願意回過頭來，陪著上了年紀的母親尋訪沉醉的記憶吧！

從繁榮華麗的台北都會區，經過的路途景致漸漸遞嬗，臨到九份小鎮時已成無華，兩款截然不同的景象，雖有著極大的落差，但也較不會有震撼突兀感覺了，只因心情早已調適妥當，因此對於映入眼簾的古老街道、狹窄階梯、櫛比鱗次的房舍，以及九份特有礦村氣息，有種平

窄長的台階，爬上去是怎樣的感動，往下走回來處，又是帶著什麼感觸？

靜適切感受。這些看似不起眼的景物，卻也在電影導演的鏡頭運作下，獨領過風騷呢！看著九份特別的階梯道路，想起朋友說過，若到九份一遊必得去昇平戲院，只是如今空有戲院舊址，戲院裡不再放映影片，徒留唏噓罷了。有人說人生如戲，這又何嘗不是呢？介紹九份讓我熟悉的朋友，我還記得，只是多年不曾聯繫，這也是另一種昇平戲院的狀態嗎？

我們也曾在一支廣告中看到霧濛濛的山景，看到旅人拾級而上的影像，那一些朦朦朧朧彷彿夢境一般，如今也在我們姊妹周圍，我們就在影片中的小城啊，拾級向上的旅人也可能是我，這是真實，不是夢。

自從經由影片將九份久遠的記憶喚回來之後，這裡又再度受到群眾的矚目，甚至成爲懷舊的熱門景點，每到假日總是擠滿了車潮和人潮，其實不只是假日，連我們來到的這日也四處可見遊客。或許我也是這些趨之若鶩的遊客之一，要不，很久以前，朋友還未詳解之前，九份還是我不識的地點呢。

九份最具特色的是沿著山坡地形建築的街道與屋宅，而今這也是最主要的遊覽區塊。在拾階觀賞時，油然而生的是「欲窮千里目，更上一層樓」，想來舊時，這處在她風華正盛的年代裡，人們大約是以這般心情自勉，也才能在我尚未來到這世間之前，九份就已締造屬於她的神話了。

九份因爲地勢關係，街道都是窄窄小小的，大部分的商家都聚集在最熱鬧的一條街，很多風味小吃，如芋圓冰、肉圓、阿婆魚丸、草仔粿……等等，都有其悠久歷史。除了風味小吃，九份老街上也有許多別具特色的茶坊，我與姊姊們選定一家茶坊用了簡餐喝了茶。

「我們就在這裡吃午餐吧！」

「坐到二樓，可以欣賞風景。」

「那就上樓囉！」

「靠窗，坐靠窗的位置喔！」

到了這樣有濃濃古意的地方，不自覺地我們都讓自己變小了。

餐，填飽了腹肚；茶，溫暖了心神，這才能再細細欣賞九份各色的美。向上抬眼一望，山有山的美采；向前方極目眺望，海有海獨特景致，再收回目光四周環顧一遍，一牆一角一柱一瓦，都有值得凝神注目的風情。

「欸，九份這裡也有民宿呢！」

「對啊，住在這裡，往下看去可以看到海景，不錯

舊時記憶都在這裡尋到了。

耶！」

「神經，我們住在台北，要來這裡車開了就來，很方便的，幹嘛還來住民宿？」

「我是說我啦！」

「妳？」

「妳來台北就住老二家，要來再坐車來就好了嘛！」

「對啊，妳要來我再開車載妳來，幹嘛還住這裡？」二姊這樣說。

「她如果沒回來，妳來住我家，我們再一起搭車來。」三姊是真想來，還是怕我沒伴？

幾個姊姊的看法都對，但我也有我和她們幾人不同的人文情懷啊！

噢！如果能夠，我也願能暫住九份，真正用心體會採礦的流金歲月；或者只是以旅人的心，去感受繁華落盡後小鎮的滄桑。只可惜，我非九份人，來此也只是過客，而且姊姊們將再往金瓜石去，那兒有個「龍君兒的家」，即使細雨正霏霏，因為已經預約，依然要去叩那扇門扉，只好暫時向九份道別，來日再相會了。

順著九份山路往前開去，仍是靜謐山光，再開過幾個彎道，就能到達「龍君兒的家」。事先大姊便已預估將在九份停留至過午，所以向「龍君兒的家」預訂的是下午茶。我們到達時，還未達下午茶時段，於是我們便各自撐著花傘，雨中欣賞金瓜石的山色，以及「龍君兒的家」花圃裡各式各樣的花。

「來來，來看這邊。」大姊喚著我們另外三個。

「什麼好看的？」

大姊說的「這邊」，就是一處露台可以俯瞰下方的金瓜石，這是因爲「龍君兒的家」是依著山勢建構的緣故。聽說此屋一磚一瓦一草一木都是龍君兒一家人合力完成的，甚且還包括屋子裡所有的擺設布置，當然還含帶藝術創作品。我們這時還只是在屋子外頭欣賞，便已佩服這一家人理念的一致，要將之與當年武俠明星的形象對照一起，還頗需費點工夫呢。

「小心，別太靠邊邊，風這麼大，吹下去，妳可是沒武功的！」大姊叮嚀。

「就施展輕功嘛！」三姊難得俏皮。

「現在練也來不及了。」二姊實際。

呃？來這兒要談武功嗎？

拍攝武俠片，想必也只是龍君兒人生的一段歷程罷了！而她又比別人具慧眼，早早洞悉許多人事，在十幾年

造型特殊的小木屋，屋子裡該也演繹著快意人生吧！

前便「隱居」這處荒山野地，而後以其個人獨特的藝術品味，創造出另一款人間桃花源。

不是嗎？木屋裡滿座高朋，不是尋訪這一處離台北市區不遠的仙境嗎？而我們姊妹冒雨而來，不也是想半天脫離塵囂嗎？「住這兒真的是不錯呢！」

「是啊，寧靜、清淨。」

「珠蓉很喜歡來這裡，她兒子就搞不懂有什麼好的，有次竟然跟珠蓉說『對啦，現在來這裡，以後到對面去』。」

大姊說笑的把珠蓉姊這段趣味說出來，可精神向來只放在工作上的三姊還沒聽出玄機，她愣愣地問：「為什麼以後到對面去？對面有什麼？」

「妳自己看啊！」

「看了啊，沒什麼啊，也沒像『龍君兒的家』這樣的小木屋啊！」

「呵呵呵……誰跟妳說對面還有像『龍君兒的家』這

門口拍張四姊妹合照，不是假裝回家，
是因那設計特別的大門哪。

樣的小木屋？」

「那不然咧……有什麼嘛，妳們都不說。」

「自己看啊。」大姊回答三姊後轉而問我：「欸，她是沒看到？還是真看不懂？」

「她看不懂啦！」我回答。

三姊在我家是屬於「天兵」型人物，看來沒跟她解說一下，她永遠弄不明白。

「妳看到對面山頭有什麼？」我問三姊。

「沒有啊。」

「再看仔細一點。」

「嗯，有墳墓。」

「對啦，就是墳墓。」

「那跟以後到對面有什麼關係？」

「厚，妳反應有問題呢，珠蓉的兒子就是說，以後死了可以葬在那裡啦！」

「喔——呵呵……。」

居然到這時她才體會出來笑點所在，對她真是莫可奈何，不過像三姊這麼「天才」沒心機的人，其實是更適合住到金瓜石這種步調緩慢、悠閒沒有紛爭的地方，呃？是以後住到這裡來嗎？呵呵……。

今日不但下著雨，雨勢還忽大忽小，但我們在屋外仍然興奮的說笑拍照，屋裡座上賓客偶然回過頭來，看著中年的我們行徑卻似稚齡，不知會做何想法？

「欸，人家在看了，還玩成這樣？」

「看就看嘛！我們就是來玩的。」二姊不在意的說。

「不然換他們出來玩，我們進去坐。」這是天兵三姊說的。

「呃？他們要出來……。」

「嗄，他們有聽見我說的喔？」三姊吐吐舌，做出不好意思的樣子。

「還真的咧，是午餐的時間結束了，妳喔，真受不了妳。」大姊瞅了三姊一眼，大有「敗給妳」的感覺。

享用午餐的客人離去之後，我們還稍待了片刻，等工作人員稍事整理才進入室內，這又是另一種對客人的尊重吧。

「這是一樓？」三姊小聲問我。

「應該是吧！」我看向窗外，想到花園邊的下坡路段，不太有把握的回答。

「對啦，那有樓梯到二樓，也有樓梯到地下室。」二姊自做聰明的解說。

「該怎麼說？要看從哪個方向進來算起。從我們進來這邊算起，妳們說的就是，如果從車庫進入，車庫和他們的私人住處就算是一樓，這裡就是二樓了。」

「車庫？」

「我們剛剛站著的露台下面……。」

「喔，瞭解了。」

大姊看事不是單就一面，這樣才能不失公允，從大姊這裡我也學到凡事不能妄下定論。

「龍君兒的家」室內空間雖不若市區餐廳的寬敞，但主人巧思的布置處處可見，又因陳列的事物都是龍君兒一家人的作品，格外讓人有溫馨回家的感覺。

我和二姊坐在沙發上把玩擺設的洋娃娃，三姊忙著喝茶吃鬆餅，大姊則起起坐坐，她是繞著室內一圈，將部分作品細細欣賞一番。

其實來到這兒，品嚐大廚手藝是目的之一，精緻的下午茶點都是手工製作，別有一種居家感受。倘使還能嚐到曾是女俠的女主人私房糕點，那不啻是多了一種神秘武功的加持。不過我們今日來得不巧，遺憾未能見到昔日做俠女扮相的主人，戲劇裡習武講求師徒因緣，或許我們來此也該有具足之緣，這麼想，也就豁然於意料之外的不足了。

下著雨的午後，我在金瓜石「龍君兒的家」聽雨滴瀝，看水氣罩上玻璃窗，恍然間讀過的詩紛紛跳了出來，大概是有了雨就有了詩意。

每次聽雨便會聯想起蔣坦與其妻秋芙戲題芭蕉的情趣，「是誰多事種芭蕉，早也瀟瀟，晚也瀟瀟。」

「是君心太無聊，種了芭蕉，又怨芭蕉。」

尋常夫妻不就是該如此的心靈相契嗎？我想著龍君兒與其夫婿不知會否也曾因風雨滴瀝，而在所種的花葉上隨性題詩？

是我心緒無聊？還是因爲有詩情？雨來了，我細細賞雨，還加胡思亂想。

想著想著，蘇軾詩的某句也跳進腦海

「水光瀲瀲晴方好，山色空濛雨亦奇。」

眼前經由小木屋的窗子看向屋外，正是「山色空濛雨亦奇」，說不出的恬淡靜謐藏身在屋外那一片山裡。看著此時景色，正似那淡淡妝扮的仕女，清雅或許便是如此吧！

山中暮色降得快，而且又因雨而使山色更加朦朧，大姊不欲二姊在昏暗中駕車，所以主張要離去，另一重要因素也是午茶時間將屆，就不便再多停留。

「走吧！」

「嗄，要回去了？」

「不然妳留著。」

說那話的人不是我，是那比別人慢進入狀況的三姊，所以等她剛安於一切時，卻是要做ending的時候了。

我其實也還不想走，但我又從小跟慣姊姊了，我知道姊姊會再邀我走遍每一個小小世外桃源，這時就乖乖跟著走出「龍君兒的家」吧！

雨天上山尋訪古味質樸的九份，和藝術家氣質濃厚的「龍君兒的家」，是一種不一樣的感受，這樣的雨天遊興會不會影響心情？下回還會不會有雨日裡尋幽訪勝的機會？欲知後事如何？請見下回分曉。

第十回　霧裡訪草山行館　一回眸竟成絕響

話說「龍君兒的家」一遊後，大家都是意猶未盡，然而金瓜石上的小木屋，是「龍君兒的家」，我們是如何也無法待在該處都不離開。

帶著戀戀不捨的心情，回到天母二姊家，姑且在二姊家姊妹再多相聚一日，然後我與大姊大概也比較能「平靜」地搭車返回各自家庭吧！因為人妻與人母的角色不能缺席太久啊！

其實各家男主人也還不致催促各家娘子回家，因為他們都知道，我們這一家的姊妹有極細密的聯絡網、極堅固的姊妹情，他們是破壞不了的，唯其如此，那就鼎力支持這一家姊妹的「聯誼會」，免得「顧人怨」。

正因如此的有恃無恐，大姊與我就算多待一天，也還不致心生歉疚，也就還能盡興玩樂。

而我們在台北的姊妹聚會，向來不會是只單純吃吃喝喝、說說笑笑便了事，我們常會就近到陽明山走走，把賞花、泡湯、吃野菜等事一併兼顧了。然而若總是以同樣型態聯誼，次數一多可能無趣，所以偶爾變換上山路線，變換賞花景點，變換用餐處所，才能讓生活不致單調，讓生命不致貧乏。而這種情況通常只要四個人之中有人一吆喝，就隨時能就近從二姊家驅車由後山或北投直奔陽明山了。

從「龍君兒的家」回到二姊家之後，念念不捨的山中迷濛景象，促使大姊還想往山裡去。

「明天換個地方吃午餐。」大姊開口道。

「換哪個地方？」我問。

「還要去竹子湖嗎？」三姊其實想去吃野菜。

「換一個妳沒去過的地方。」大姊對三姊賣個關子，之後悄聲對二姊說，「我們去『草山行館』好了。」

我聽見了，將去的地點是「草山行館」。而她是一個年代久遠的日式建築，更揹負著沉重的歷史意義。接受、欣賞的民眾，深深顧念其演變的歷程，也以維護古蹟的心情對待，然而卻也有沉溺悲情的民眾，不願也不能以更開闊的胸襟，接納只是建物的「草山行館」。

啊！姑且不去想這等惱人的事，不過，行館現在兼賣餐點了嗎？多麼不一樣啊，這樣一個地方，曾經被繪聲繪影的傳播著許多神秘的地方，而今不但開放參觀，有時還有展覽，更貼心的是還能在那兒用餐呢！

從北投上陽明山，乍見路旁櫻花吐信，
姊妹不錯過留影。

在曾是日皇太子居所，曾是國家領導人行館的地點用餐，將會有什麼樣的感觸思潮，我其實是渴盼去體驗的。舊時代不爲人知的事蹟，不能窺視的內室，如今都一一可見，事事能談，那麼，何須將自己再困在走不出的情緒呢？

陽明山可說是是台北人的後花園，能遊逛的景點可多呢！即使每回去的是同個地點，也會因四季的不同、天氣的陰晴、溫度的高低，而有不同的感受。更何況可能因爲遊興，而隨意在上山後選定不同地點，也許竹子湖，也許二子坪，也許小油坑，也許擎天崗，或者單純只是公園裡賞花，也都能有各自的興味。

這次經大姊指定特意要去的是，赫赫有名的「草山行館」，我光是聽著這名稱，思緒即已翻飛遐想它的獨特風格了。

次日，各自整裝完畢，二姊拿著車鑰匙吆喝一聲。

「好了，走吧，出發囉！」

像不像兩個隨身護衛立在兩位大人身邊？

我與大姊隨後也從沙發椅起身，三姊雖也跟著動作，但對於將去的目的地她還是毫無概念，於是她再一次發問：

「我們今天到底要去哪裡？」

「跟著走就對了。」

「陽明山除了竹子湖的野菜園有得吃以外，還有哪裡可以吃飯嘛？」

「當然有。」

「厚，到底要去哪裡嘛？」

車子都已經開上北投行義路，三姊還是非弄個明白不可，而大姊二姊向來又喜歡捉弄她，搞得三姊更是茫無頭緒，我看了覺得實在好笑卻又不忍，於是告訴她，

「我們要去草山行館。」

「草山行館是什麼地方？」

「厚，妳這個台北人，太遜了啦！」我這麼說的同時，其實並沒有鄙視心意，我明白三姊平時一心在工作之上，休憩旅遊她較無暇置放心力，所以對於各個旅遊點沒有概念也是正常。

「好啦，別說那些，草山行館到底是什麼樣的地方？」

怪了，居然是台北在地人問我這個下港來的外地人，這像話嗎？

「草山行館就是……。」

「不用說了啦，等一下到了妳就知道草山行館是什麼地方。」大姊示意我不必繼續往下說，因爲通常跟三姊做解釋是需要耗費很長的時間，而她還不見得完全理解。

「就是今天要去吃飯的地方。」二姊突然迸出來一句。

「呵呵……對，就是要帶妳去吃飯的地方啦。」大姊再做註解。

「像竹子湖那樣的嗎？」

「妳怎麼對竹子湖情有獨鍾？」我說。

「野菜園的菜好吃啊！」

「喔，真受不了妳呢，我看妳不只少一根筋喔！」二姊不損三姊一句很難罷手。

我也覺得我家三姊腦袋裡的神經可能真的比別人少，要不，怎會這麼「兩光」呢？可不對啊，人家她在工作上卻是既專業又敬業呢！

很多人都知道草山行館曾是先總統蔣公的行館，也因爲有過這個歷史人物以此爲行館，而使得這個地方別具神秘色彩。神秘其實是有其時代背景，隨著社會型態的變遷，如今行館何有神秘可言？還不是光天化日下，人人得以進入？

我們上山這天，延續了前一天的天氣類型，是陰鬱的。漸到山上更見陰暗，草山行館甚至籠罩著一層濃霧，傳說似乎因此更添幾分朦朧。霧氣將日式平房建築的草山行館層層裹住，宛如要讓藏有舊時代國家領導人傳奇故事的建築，加深加厚那一層神祕的面紗。

我寧願視其爲可發思古幽情的僻靜之處，我也寧願視它爲讓我沉緬悠久史蹟的地方，我喜愛這地點，純然只是因爲如此。

其實草山行館不是一開始就爲蔣家準備，它的修築最初是在民國九年，台灣總督府爲了日本皇太子裕仁將要來台而準備的太子賓館，民國十二年日皇太子裕仁返回日本後，草山行館搖身一變成爲日本名流聚會的場所。及至民國三十八年國民政府播遷來台後，故總統蔣公的首座總統官邸暫時選定草山行館，隔年五月蔣中正與蔣宋美齡夫婦二人住進士林官邸後，草山行館才成爲蔣家夏季避暑的行館。如此明白的歷史痕跡，一般民眾卻要選擇道聽塗說的混沌不明，部分人士還加入極端的情緒，著實是令人想不透的啊！

霧中的草山行館多了朦朧，似也多了唏噓。

姑且不論傳言中繪聲繪影的靈異現象，或是蔣宋兩人浪漫的愛情故事，總之歷史的還給歷史，愛情的留給後世見證。我們姊妹來此便只是欣賞房舍的質樸，內蘊的美采，再就飲用精緻的餐點，沉緬歷史人物的智慧與情感就是了。

尋著參觀路線四處走走看看，還真是喜歡如兒時居處的日式房舍呢！行館中央天井裡，有個草書「心」字形的池塘，據說目的在求居住此地的男女主人延年益壽，而先總統蔣中正享壽八十八歲，蔣宋美齡則至高壽一百零六，是不是印證了該種說法，則是見仁見智了。除此之外，行館屋後種了三棵精挑細選的百歲以上竹柏，據說形態就像是三柱香，當是陰天時，霧氣繚繞整座屋舍，恰似香煙裊裊，便能給人庇佑驅邪的安全感，而這也是信者恆信、不信者恆不信的兩極認知。而在我眼裡，是不是香已然不重要，我要的只是享受這份迷濛的美罷了。

我們在草山行館的餐廳用午餐，就坐在靠迴廊這邊，

行館外的樹和樹上小花，某種程度也飽藏了歷史。

一邊用餐一邊談話還一邊往遠處望去，當是時我等姊妹彷彿山中靜修之人，在霧氣迴繞裡自寫一篇山中傳奇。

「欸，還不錯呢！」

「對啊，這是精緻美食。」

啊？怎不是讚嘆我看到的廊外風情？我知道看重美食享受的三姊，首要評定的會是餐點和服務二者，看來她現在不會覺得，陽明山上只有竹子湖有美食了。

我才這樣想，二姊就真這麼跟三姊說，

「妳看，不是只有竹子湖的野菜好吃，這個也不錯喔？」

「妳就不先說清楚，老是要說得曖昧。」

呃？像三姊這樣「天」的人，她也會說「曖昧」兩個字？

不過有時生活裡來點朦朦朧朧的互動也是不錯的，就像霧氣裡的行館，總是一個美字啊！行館不定時會有各類展覽，既保留原建築的美好，又能給予來此一遊民眾知性的吸收，同時還能在此地享受精緻美食，某種角度來看，我們不也來避暑了嗎？只不過是來去匆匆罷了！

即便是無法久留草山行館，也不會有遺憾的情緒生起。因為離開草山行館後的路段，沿路還是有美麗山色值得瀏覽，也都能捉住我的視線。最重要的是，同是戀舊惜情的大姊，必會在不久的將來，再度邀約眾家姊妹來一趟草山行館巡禮。

然而，原以爲自一九二〇年便已存在的草山行館，將會持續在陽明山上眺望大台北盆地，給人們一處爲往昔舊日做沉澱的處所；原以爲去年離開後，今春再上山時，仍然可以再穿走在那木質迴廊裡；原以爲歷史的會還給歷史，生活的是人人可享的權利。卻不想今年（民國九十六年）清明剛過的暗夜一把無名火，殘酷地無情地摧毀了飽含歲月的建築；阻絕了欣賞古樸風貌的渡口；扼殺了發展包容氣度的契機。至此，到底我們還能有什麼古蹟可保存？有什麼文化可傳承？有什麼遠大的風景可預期？有什麼可涵養胸懷萬里的氣度？

唉！罷了，天地有知，美好的事物恆常在喜歡美好的人心裡。怎樣生出的一把火，都已無關草山行館留存人心的永恆。

只是，萬萬沒想到去年我首次踏入草山行館的步伐竟成絕響，是要將第一次的記憶鑲嵌得更牢？還是爲我向來相信的剎那即永恆做註解？以後，不論草山行館修或不修，都已回復不了最初的建築意義，也喪失了無價的寶貴珍藏，唉！就讓記憶停在罩滿濃霧的那日吧！

落籍海港都市的我，便是利用每年幾回和姊姊們上山的機會，好好的將陽明山看個夠。所以我向是不做流連忘返，因爲回到水泥叢林一段時日後，終將再去。去年離開草山行館時，我是這麼想的，也就沒再爲她多做幾次凝眸，多拍幾張照片，現在想來悵恨深深。不知怎的那日回程裡，心緒無法如漸低平的山徑般平靜下來，心脈依然波動巨烈，是有所感嗎？要不，怎會渴盼姊姊快一些再邀我上山？

那時三姊問我：

「什麼時候回去？」

「下午。」

「大姊呢？」

「我們一起去搭車的。」

「什麼時候再來？」

「有空的時候。」我當然不好直說要快呀！

「什麼時候有空？」

三姊這一問，讓大姊突然轉身向後座的我們說，「想玩的時候就有空了。」

呃？想玩的時候就有空了？

啊！大姊說的真是啊！莫非她透析了我的心思，我就是等著她想玩哪！等著她邀我再到草山行館呢！

談話間，開車技術好的二姊，彎彎繞繞間很快就出了山區回到繁華鬧市，在二姊家稍事停留後，她送大姊和我前去搭車。

我很快就會回到我生活的各種角色裡，至於姊妹聚會旅遊之事，一如大姊說的「想玩的時候就有空」，當然必是會再規劃再相約囉！只是對草山行館的不捨，也只能在僅有的幾幀霧濛濛的照片中憑弔了。

國家圖書館出版品預行編目

姊姊妹妹遊台灣 / 姸音作. -- 一版. -- 臺北
市 : 秀威資訊科技, 2007[民96]
面 ; 公分. --(台灣地區 ; TF0001)

ISBN 978-986-6909-85-6(平裝)

1. 台灣 - 描述與遊記

627.26 96011228

台灣地區 TF0001

姊姊妹妹遊台灣

作　　者 / 姸　音
發 行 人 / 宋政坤
執行編輯 / 黃姣潔
圖文排版 / 林世峰
封面設計 / 林世峰
數位轉譯 / 徐真玉、沈裕閔
圖書銷售 / 林怡君
法律顧問 / 毛國樑　律師
出版印製 / 秀威資訊科技股份有限公司
台北市內湖區瑞光路583巷25號1樓
電話：02-2657-9211　　傳真：02-2657-9106
E-mail：service@showwe.com.tw
經 銷 商 / 紅螞蟻圖書有限公司
台北市內湖區舊宗路二段121巷28、32號4樓
電話：02-2795-3656　　傳真：02-2795-4100
http://www.e-redant.com

2007 年 6 月　BOD 一版
定價：150元

讀　者　回　函　卡

感謝您購買本書，為提升服務品質，煩請填寫以下問卷，收到您的寶貴意見後，我們會仔細收藏記錄並回贈紀念品，謝謝！

1.您購買的書名：______________________________

2.您從何得知本書的消息？

☐網路書店　☐部落格　☐資料庫搜尋　☐書訊　☐電子報　☐書店

☐平面媒體　☐ 朋友推薦　☐網站推薦　☐其他__________

3.您對本書的評價：(請填代號　1.非常滿意 2.滿意 3.尚可 4.再改進)

封面設計____　版面編排____　內容____　文/譯筆____　價格____

4.讀完書後您覺得：

☐很有收獲　☐有收獲　☐收獲不多　☐沒收獲

5.您會推薦本書給朋友嗎？

☐會　☐不會，為什麼？______________________________________

6.其他寶貴的意見：____

____

____

____

讀者基本資料

姓名：______________________　年齡：______　性別：☐女　☐男

聯絡電話：_________________　E-mail：_____________________

地址：____

學歷：☐高中(含)以下　☐高中　☐專科學校　☐大學

☐研究所(含)以上　☐其他________________

職業：☐製造業　☐金融業　☐資訊業　☐軍警　☐傳播業　☐自由業

☐服務業　☐公務員　☐教職　☐學生　☐其他___________

請貼
郵票

To：114

台北市內湖區瑞光路 583 巷 25 號 1 樓

秀威資訊科技股份有限公司　　　收

寄件人姓名：

寄件人地址：□□□

(請沿線對摺寄回,謝謝!)